南天一柱 / 2013年4月20日

壮山行/2009年7月1日

泰国海滨/2009年11月19日

壮族古代英雄

莫一大王之歌

韦文俊·著

广西民族出版社

图书在版编目（CIP）数据

莫一大王之歌：壮族古代英雄／韦文俊著．—南宁：广西民族出版社，2013.12
ISBN 978-7-5363-6741-8

Ⅰ.①莫… Ⅱ.①韦… Ⅲ.①壮族—英雄史诗—中国 Ⅳ.①I222.7

中国版本图书馆CIP数据核字（2013）第286698号

ZHANGZU GUDAI YINGXIONG

壮族古代英雄

MOYI DAWANG ZHI GE

莫一大王之歌

韦文俊 著

出版发行	广西民族出版社（地址：南宁市桂春路3号 邮政编码：530028）
发行电话	（0771）5523216 传真：（0771）5523246
E-mail	CR@gxmzbook.cn
责任编辑	凌 华
装帧设计	张 雨
责任校对	黄一清 吴 艳
责任印制	蓝 锋
印 刷	广西民族语文印刷厂
规 格	787毫米×1092毫米 1/16
印 张	22.5
字 数	250千字
版 次	2013年12月第1版
印 次	2013年12月第1次印刷

ISBN 978-7-5363-6741-8/I·1469 定价：36.00元

序 一

韦编联

我和文俊是挚友。从在来宾县文化系统到《百花》编辑部和《三月三》杂志社，我们共事了几十年，建立了深厚的情感。尽管时光流逝，环境变迁，职务变化，仍始终不渝。经过生活的历练，更感到这种友情的弥足珍贵。古人云：“人生得一知己足矣。”我们能得到这种友情，是幸运的。由于深知友情在生活中的地位，所以我在我的小说中，多次写到友情，赞颂高尚的友情，鞭挞为一己之私对朋友落井下石的小人。

朋友，要相待以诚，心怀坦荡，肝胆相照，互相鼓励，互相帮助，共同攀登崇高的人生目标。

朋友，要平等相待。不管地位如何变化，不忘“贫贱之交”。应该像古人说的：“君乘车，我戴笠，他日相逢下车揖；我步行，君乘马，他日相逢马当下。”

朋友，要互相扶持。人生道路上，会遇到坎坷和风雨，这时候最需要朋友拉一把，以渡过人生难关。

在我和文俊几十年的交往中，有许多以上这些方面的事例，终生难忘。因为心灵相通，友情深厚，我们在一起，往往无所不谈，有说不完的话题。有时以酒相伴，甚至彻夜长谈。短时间不相见，如隔三秋，就像杜甫怀念李白的诗中所写的：“落月满屋梁，犹疑照颜色。”

我和文俊还是文友。由于志趣相投，人生追求相似，所以就有一种默契，互相帮助，促进事业的成功。1984

年，我们在《百花》编辑部工作，黄勇刹同志来电话，叫文俊到南宁写叙事长诗《马骨胡之歌》，地区文化局领导层有人从中作梗，不能成行。我认为这是文俊搞创作的好机会，便在地区文化局领导层的会上陈述理由，得到多数人的赞同，使文俊能顺利前往。后来，这部作品得到了自治区的“铜鼓奖”。1984 年初文俊先调去《三月三》杂志社工作。同年夏天，我和黄勇刹同志都参加河池地区文代会，会议期间，黄勇刹说，要调我到《三月三》杂志社工作，回去要找人接替工作。我说，让我再考虑考虑。我回到柳州，因为家庭安排的原因，去信婉言谢绝了。到年底，文俊亲自到柳州，对我进行劝说，陈述到南宁工作对文学创作的好处，我怦然心动，欣然同意到《三月三》杂志社工作。他又四处奔走，和有关部门联系，扫清调动可能出现的障碍，我终于顺利达到目的。到南宁后，由于能经常参加全国笔会和理论讨论会等文学活动，加上得到名作家的指导，眼界大开，我的小说创作有了飞跃的进步。杂志社不坐班，完成工作任务后，可以搞创作。1988 年我的中短篇小说集《七色人生》出版了，1990 年我参加了中国作家协会。

我和文俊都以文学为毕生事业，我们退休后，仍笔耕不辍。文俊同志写出了这部 7000 多行的叙事长诗《莫一大王之歌》，实在是令人高兴。文俊对叙事长诗创作有丰富的实践经验，曾创作多部叙事长诗，《金凤凰》和《马骨胡之歌》早已蜚声文坛，《莫一大王之歌》的创作成功，一定给他的文学创作增添新的光彩，为壮族文学作出新的贡献。

《莫一大王之歌》是以民间故事为素材进行再创作的。国内外的许多事例证明，这是一条创作路子。因为民间故事是千万群众集体创作的，最能充分反映民族意识和民族的审美观，因而最具民族特色和地域特色；其构思的巧妙，非个人创作所能比拟；再加上作家以时代眼光、艺术眼光和民族眼光进行观照，作品更有民族性，更符合时代要求，更有艺术性。俄罗斯大诗人普希金于 1820 年就曾经取材于民间故事创作了叙事长诗《鲁斯兰和柳德米柱》。我在青年时代很喜欢读他写的叙事长诗《高加索的俘虏》和《巴赫契萨拉依的喷泉》，有浓厚的民间故事色彩，看来也是取材于民间故事的。这两部作品是他被流放到南方时写的，就更有这种可能。壮族著名诗人韦其麟以民间文学为素材写的《百鸟衣》，享誉海内外，受到广大读者的喜爱，也充分证实了这个观点。

《莫一大王之歌》塑造了莫一大王的英雄形象，充满浪漫主义色彩，蕴含着壮族人民反抗反动统治者的不屈不挠的大无畏精神，这种精神曾经鼓舞着我们的先辈去争取人民和民族的解放。今天还将激励着我们壮族同胞团结奋斗，自强自信，使我们的民族屹立于中华民族之林，同各民族一道，去争取中国特色社会主义事业的完全胜利。我想，这就是这部叙事长诗的意义所在。

2013 年 7 月 13 日于清心斋

【序作者简介】韦编联，中国作家协会会员，中国少数民族作家学会首届理事，中华诗词学会会员。曾任来宾县文教局局长，柳州地区文化局副局长，《百花》杂志主编，《三月三》杂志社副总编辑。著作有：中短篇小说集《七色人生》，长篇小说《风雨望江楼》《裙影缤纷》《韦编联散文选》《清心斋诗词集》和叙事长歌《双飞燕》等。

韦文俊和他的叙事长诗《莫一大王之歌》（序二）

黄汝迪

一

叙事诗是以记叙为主要表达方式的诗。它有比较完整的故事情节，有对人物形象的刻画。作者通过故事情节和人物形象来反映社会生活，同时抒发感情。

在中国古代文学的漫长历史中，叙事诗相对不大发达，但其源头相当久远。现存最早的叙事诗是收录在《吴越春秋》中的古代原始歌谣《弹歌》，曰："断竹，接竹；飞土，逐宍。"可译为：砍伐野竹，把竹子绑接（做成弹弓）；发射土块（做的弹丸），追捕宍（宍，古"肉"字，指禽兽）类猎物。《弹歌》反映我国远古时代先民的劳动生活，描写了他们砍竹、接竹制作弹弓，发射弹丸捕猎禽兽的全过程，表现民族叙事特点。甲骨卜辞中也有一些隐含叙事诗歌的形式。《周易》中的古歌，叙事因素占据很大比重，叙事更为成熟，产生了很好的叙事效果。我国第一部诗歌总集《诗经》，为我们描绘了周代社会生活的巨幅画卷，其中，叙事诗相对于抒情诗，明显处于劣势。但诸如《豳风·七月》《卫风·氓》等不少优秀篇章或片断还是可圈可点的。《诗经》中的叙事诗，在细节的提炼和场面气氛的铺陈渲染两个方面，表现了先民朴素的叙事能力。在我国的诗歌史上，乐府民歌中流传最广、影响最大的要数叙事诗。《东门行》《十五从军征》等都是下层人

"感于哀乐，缘事而发"的叙事名篇。《陌上桑》《孔雀东南飞》《木兰辞》等更为脍炙人口，民间口耳相传恒久不衰。唐代是诗歌的黄金时代，抒情诗大放异彩，叙事诗也因文人的频频介入而出现了大批的锦绣华章，诸如"三吏"（《新安吏》《石壕吏》《潼关吏》）、"三别"（《新婚别》《垂老别》《无家别》）和《兵车行》《长恨歌》《琵琶行》《连昌宫词》等，在文坛或是民间均享盛誉，与乐府民歌一起成为后世叙事诗的光辉典范。

20世纪初叶新诗运动兴起，抒情诗风靡诗坛，叙事诗"门庭冷落"。40年代后，叙事诗曾经一度繁荣，抒情诗仍是诗歌创作的主流。50年代末60年代初，我国出现了叙事长诗创作的第一次高潮，构成当代诗歌发展史上最为灿烂、最为热闹的美景，反响之强烈实为鲜见。著名壮族诗人韦其麟就在这时创作叙事长诗《百鸟衣》而一鸣惊人，从此崭露头角，闻名中外。但是，新诗的发展，相对抒情诗而言，叙事长诗的创作较为逊色，数量偏少，影响不如抒情诗大。从诗歌艺术自身发展的规律来看，这是一种非正常的现象。这自然是由诸多原因所致，原因之一，可能是叙事长诗的创作，往往需要更长时间的积累，更精心的构思和推敲，需要在艺术表现日益丰富成熟的基础上来完成。无疑，在诗人共同的追寻中，渴望通过作品表现更深、更广的社会历史内容，渴望揭示更具思想深度的诗歌主题，这种"史诗情结"构成了诗人共同的创作心态，创作史诗性的精品，对于诗人而言永远是难以拒绝的诱惑。诗人有着强烈的社会责任感、政治使命感和对艺术的执着追求，热切盼望在史诗性作品中得以展示，寄托着对新的艺术高度超越的欲念，希望通过作品来证实自己的创作才能。著名的壮族诗人韦文俊先生正是如此。经过长时间的养精蓄锐，周密的策划，精心的构思，认真的写作，反复的推敲，历尽艰辛，文俊的新作叙事长诗《莫一大王之歌》近日由广西民族出版社出版发行，一举打破了叙事长诗旷日弥久的荒寂局面，令人翘首企盼，将有可能会引起诗界的轰动，实为可喜可贺！

二

早在30年前，韦文俊先生就已蜚声文坛。在广西少数民族作家群里，他是继叙事长诗《百鸟衣》作者韦其麟之后的又一位擅长叙事诗创作的壮族诗人。韦文俊与韦其麟年岁相当，身上同流着壮族的血，又都酷爱壮民族民间文学，并都擅长从民族民间文学中取材进行叙事诗创作，因此，在广西文坛上，他们被人们亲切地称作“二韦”。

互联网（互动百科）上是这样介绍韦文俊的：

韦文俊（1933—　），原名韦文豪，笔名一色、文骏等。壮族。广西来宾市人。中共党员。1962年毕业于广西师范学院（今广西师范大学）中文系函授部。中国作家协会会员，世界华文诗人协会会员。中国民间文艺家协会会员，中国少数民族作家学会首届常务理事，中国歌谣学会首届理事。1950年参加工作。历任来宾县小学教师、校长，柳州地区文化局文艺创作组组长，《百花》杂志社副主编，来宾县文教局股长，来宾县文化馆馆长，来宾县文联秘书长，广西《三月三》杂志社主任、主编、社长，广西民族出版社社长兼总编辑、书记、副编审。广西民间文艺家协会原常务理事。壮族作家创作促进会首届常务副会长。著作有报告文学《勇探深岩》，长篇小说《人熊儿传奇》，长篇叙事诗集《金凤凰》，长篇叙事诗《马骨胡之歌》、《迷苏与勒苏》（壮文版）、《李旦与凤娇》（壮文版），搜集整理诗歌体民间传说英雄史诗《莫一大王》、《广西歌圩山歌选》等16部。

20世纪80年代末，我执笔创编以抗日战争中桂南会战昆仑关战役为题材的电影文学剧本《昆仑关大战》，广西电影制片厂决定组织筹拍。于剧本修改和筹拍集资阶段，听说有个壮族作家创作促进会，得知韦文俊先生时任该会首届常务副会长，且身居广西民族出版社要职。该会曾经集资若干，甚至组织壮族作家为单位或部门编书赚钱，用以选送和资助有培养前途的包括农村户口的壮族青年作家进大学作家班或鲁迅文学院脱产学习深造。这是最具战略眼光的一个壮举。为了请韦文俊先生对我们的剧本修改和集资作“促进”工作，我几次登门拜访，得到许多有益的帮助。那时，先生于百忙中，正利用业余时间，根据诗歌体壮族民间传说《莫一大王》（韦文俊等搜集整理，广西民族出版社出版）为素材，创作长篇小说《骑飞马的人》（出版时改名为《人熊儿传奇》）。我有幸聆听他介绍创作经验，他说构思了小说口述之后，充分利用零星时间，用录音机录下口述的各章，有空时放录音，记成文稿，进行修改。直到在北戴河休假期间，仍坚持不懈。该书在国家级的民族出版社出版，书末，记下“一九八八年七月修改于中国作家协会北戴河创作之家”的文字。先生精益求精、忍受寂寞、一丝不苟的精神和笨鸟先飞的谦虚质朴的品格可鉴。

韦文俊先生的文学地位，《壮族文学史》（广西人民出版社1986年7月版）和《壮族文学发展史》（广西人民出版社2007年9月版）都给他定了在民族民间文学这一块。《壮族文学史》用了20个页码15000余字的篇幅，从莫一大王的传说及其史诗的形成、史诗《莫一大王》的思想内容、莫一大王的英雄形象、史诗《莫一大王》的艺术特色等四个方面进行评介。《壮族文学发展史》用了 16 个页码近 15000 字的篇幅评介。“两史”内容大同小异，只是第四个方面，后者换了“史诗《莫一大王》对神话的继承与发展”标题，对《莫一大王》的艺术价值及其贡献评价更高。韦文俊先生翻译整理的《马骨胡之歌》《鸳鸯岩》《勒堆的故事》等，“两史”都有言简意赅的评介。其中的《马骨胡之歌》荣获广西第一届少数民族文学优秀作品一等奖及自治区人民政府颁发的全区最高文艺奖——广西文艺创作铜鼓奖。韦文俊先生认定他 1984 年出版的叙事长诗集《金凤凰》（包括《金凤凰》《绿梅歌》《三代人之歌》《神马》）为他本人 20 年来从事叙事长诗创作的代表作品。当年供职于广西文联的著名文艺评论家王敏之，撰写长篇评论《民族魂的吟唱》，发表在《广西日报》花山副刊上，引起文学界的关注。《金凤凰》荣获广西第二届少数民族文学优秀作品奖。此外，18 万多字的长篇小说《人熊儿传奇》，《壮族文学发展史》于当代小说创作的编目（篇章）中已记录在案。

韦文俊先生原来从事民族民间文学的搜集整理和研究工作，后来也进行诗歌、小说的创作，诗歌、小说的素材多来自民族民间文学。这都与他自幼就受到民族民间文学的熏陶密不可分。先生出生于桂中腹地红水河畔的来宾县（今来宾市兴宾区）一个壮族山村。这是广西“歌海”的一个“海湾”，蕴藏着极为丰富的民间文学。孩提时的文俊，就跟着父母叔伯兄弟姐妹姑婶学唱壮欢，特别是壮欢中一种很重要又很有特色的形式——勒脚体，听大人讲民间神话、传说和故事。文俊 7 岁入学，10 岁就为做道公（巫师）的伯父抄写过道公唱本。那时他年幼无知，根本不知道唱本的文字和内容，只是依样画葫芦而已。10 岁以后，他经常随伯父到做法事的道场去玩，有时还帮敲锣打鼓，也跟着喃喃唱唱。久而久之，知道唱本有许多引人入胜的壮族民间神话、传说、故事和叙事诗体长歌，诸如《布伯》《莫一大王》《何文秀》《刘文龙》《李旦与凤娇》《梅良玉》等。天长日久，就可以背诵一些叙事长歌，能讲述那些曲折动人的故事。文俊有个堂叔，仅读过 3 年私塾，汉字学得不多，古壮字大都能读会写。古壮字也叫“土俗字”，是千百年前，由壮族一些受过汉文化教育的文人（也包括巫师）借助汉字或汉字偏旁部首创造的。壮族民间约定俗成普遍使用的古壮字有 4800 多个，另外还有音同义同而写法不同的异体字 8000 多个。堂叔是个远近闻名的歌手，每年的三月三歌圩必定到场，乡间婚嫁喜事都摆歌台，主家大都请他为师临场对歌演唱，常常通宵达旦进行。堂叔用古壮字记录的歌本，少说也有二三十本，都是用纱纸（为广西民间特色的传统产品，具有韧性好、吸湿性强和防腐、防虫蛀的特点，为历代人书写重要契约，家谱，佛、道教经文和高级包装用纸）抄写的，装订好后，又将蛋清和桐油混合后涂抹封面、封底，更显精美耐用。不管是走亲访友，还是串村赶圩，常常歌本不离身，出口就是歌。有一次，堂叔装满了一牛车的土特产，要拉到七八十里外的柳州销售，叫文俊随车而行。为了学唱壮欢，文俊用竹壳包了母亲煮好的糯米饭便欣然前往。堂叔一路唱壮欢，又穿插讲几个神话故事，不知不觉到了柳州。返回时，堂叔用装歌本的包袋做枕头，躺在牛车上，倒背如流地唱起《莫一大王》的欢歌，文俊听得如痴如醉，几十里的山路很快就走完了。

参加工作后，文俊先在家乡来宾，后到柳州、南宁从事文化工作，有更多的机会深入接触本民族及苗、瑶、侗等民族的民间艺人，听唱民歌，听讲故事，搜集及书面记录民间文学的第一手资料，还获赠许多手抄唱本，仅有关莫一大王的唱本就有10多个不同的版本，包括五言十二句的勒脚欢、七言体民歌、师公戏唱本。这些珍贵的资料，装了满满的6个大藤箧子。数十年间，从农村到城市，文俊尽管调动频繁，这些宝贝却从未丢失一件。难怪有知情者戏称文俊为“韦仓库”。文俊正是名副其实当之无愧的民间文学的“仓库”！如此得天独厚的环境和条件，使文俊时刻都能耳濡目染，学以致用。文俊后来潜心从事民间文学的整理、研究及文学创作，并且取得辉煌成就，是顺理成章的事。

韦文俊先生于1959年在广西文学月刊《红水河》发表处女作《勇探深岩》，初露锋芒。1960年由广西人民出版社出版《来宾水利歌谣选》(与人合著)。后来一发而不可收，几年时间，他先后在区内外报刊上发表短篇小说、散文、报告文学、故事等100多篇，短诗100多首，显示他文学创作的才华。他刚进入文学创作状态不久，因“文化大革命”开始而被迫停笔，连已经写好了的中篇小说《早晨》和叙事长诗《红藤桥》等，也被迫付之一炬。1972年他在柳州地区文艺创作组工作时，写下12000多字的《莫一大王》叙事长诗创作提纲。1980年，他与人合编的《瑶族民间故事选》由上海文艺出版社出版；1982年，他与人合编的《瑶族民歌选》仍由上海文艺出版社出版；1982年，他的《李旦与凤娇》《迷苏与勒苏》两部叙事长诗由广西民族出版社出版。从此，文俊的创作呈现直线上升的状态。1984年出版了叙事长诗集《金凤凰》；1985年与人合作的叙事长诗《马骨胡之歌》和与人合作搜集整理的诗歌体民间传说《莫一大王》(后被称为“英雄史诗”)出版。

英雄史诗《莫一大王》的出版，是壮族文学事业的一件大喜事，许多人分享了这份喜悦。如前所述，《壮族文学史》《壮族文学发展史》不惜篇幅给予评介，正所谓功垂竹帛，名垂青史。1984年，文俊以笔名雯懿在广西民族出版社出版了《骑飞马的人》(莫一大王传奇)的连环画1—4集，第一次就印刷发行了52.5万套，拥有数以万计的读者，特别是青少年读者。文俊意犹未尽，创作激情有加，决心写一部关于莫一大王的长篇小说，最初定名为《骑飞马的人》，出版时改名为《人熊儿传奇》。1987年，组织委以文俊广西民族出版社社长、总编辑之职，并仍兼《三月三》杂志社总编辑的重任，写小说绝对是用业余时间了。为了保证作品质量，文俊还借收录机的功能对作品反复修改，这是作家群中十分罕见的一种写作方式。《人熊儿传奇》在国家级的民族出版社出版，第一次印刷发行量高达3万册，非常可观。一个题材分别用三种文学样式来写作，又分别出版，发行量又大，文坛上很是罕见，按常规常理，文俊应该心满意足了。现已退休多年的文俊，可以毫不夸张地说，早已著作等身，声华盖代，本应颐养天年，却退而不休，仍然保持强烈的壮民族意识，对莫一大王情有独钟，想更进一步利用自身民间文学很高造诣的优势，再通过叙事长诗的样式，出一部篇幅更大、内涵更丰富的作品，尽善尽美地刻画和塑造莫一大王的英雄形象，更充分地再现和弘扬以莫一大王为代表的民族性格和民族精神，为民族文化的发展再立新功。于是，舍得花时间、下大力，在《莫一大王》《人熊儿传奇》的基础上，吸收固有的长处，弥补它们的不足，并根据自己掌握的资料和自己的感受，增添新的内容，涂上新的色彩，努力去实现个人新的艺术高度。

叙事长诗《莫一大王之歌》写成初稿后，及时得到著名壮族诗人、广西文联原主席、中国作协原副主席韦其麟“指点迷津”，面授机宜，文俊对长诗部分情节作了调整、修改，使书稿的质量得到进一步提高。我们从中见到了“二韦”是何等的文人相敬、文人相重！文俊又是如此的虚怀若谷、见贤思齐！

三

莫一大王是继布洛陀和乜洛甲之后的又一个富有传奇性的壮族神话人物。民族学者刘锡蕃著《岭表纪蛮》中云：“侬僮……尤以莫一大王为最尊。”考其所本，大概是受到宋代周去非《岭外代答》中“南丹者，所谓莫一大王者也”的影响。据考，在桂北壮族聚居地区有莫一大王的传统节日，也叫“五谷庙节”，每年农历六月初二举行。相传是日为莫一大王诞辰，因其拯救壮人有功，且保佑五谷丰登，壮人感其恩德，故于村前建庙宇，在家中立神位供奉。在桂西北地区的河池（今河池市金城江区）、南丹、宜北（今环江县）、宜山（今宜州市）、柳城、东兰、凤山等地，世代壮人对莫一大王顶礼膜拜，其传说广为流传。河池的袭华村莫一庙，始建于明代；拔贡镇坡降村壮族民间，三年前发现已流传有五六代人的关于莫一大王颂诗古壮字手抄本，约 1600 行诗，歌颂敢于反抗皇权的壮族英雄莫一。红水河流域的来宾县（今来宾市兴宾区）一带，有多种版本的民间歌手古壮字手抄本诗歌体《莫一大王》流传数百年。今韦文俊新作叙事长诗《莫一大王之歌》根据莫一大王的传说，具体是以他的长篇小说《人熊儿传奇》为蓝本进行再创作的。

现在根据韦文俊先生付梓的《莫一大王之歌》共28章7087行诗的文稿复印件，拟编写故事梗概如下：

《莫一大王之歌》故事梗概

莫一出生在壮族山村的一个贫苦家庭。一天，随母亲进深山挖山薯摘野果，误入深山老林，被人熊婆抓进人熊洞，过着6年茹毛饮血的生活，变成一个毛茸茸的人熊儿。逃回家后，被迫给富人家放牛，因一身熊毛而备受凌辱。仙人托梦，让他找到脱毛的草药以恢复人样，变成美少年。再次给富人家放牛时，叛逆心理驱使，与小伙伴设计戏弄富人而出怨气寻开心。莫一18岁时，与苦妹子达巧通过对唱山歌表达爱情，“不用牛羊不用酒，莫一达巧牵手回”，永结同心。有一年天大旱，粮食颗粒无收。壮民筹备拜神求雨，仪式隆重，热闹非凡。朝廷派差官下来征粮，误以为蛮民聚众造反，抗交皇粮，官军大打出手，把头人（莫一之父）打死扔下黑蟒洞。莫一与众兄弟前往寻找父亲遗骸，黑蟒洞顿时变成水汪汪的大龙潭。见一头水牛浮在水面，又忽现“好像老父真面庞”的老人，莫一立即跳下龙潭，老人不见了。莫一抱着牛头痛哭。“水牛含着两眶泪”，“有颗泪珠格外亮，落在莫一额头上”，变成宝珠，“‘咕噜’一声落肚肠”。之后，莫一变得力大无穷，“大树可以连根拔，大山可以一手搬”。莫一在水中拾起的青竹变飞马，莫一骑上飞马回家。从此，莫一酝酿着要改变现状并付诸行动且逐步实现：把群山赶走，把山岽变平原，把山区变成湖，把荒地变良田，把穷山沟变成鱼米乡，让壮家永过丰收年，还筑石墙石壁保卫家乡。

树欲静而风不止。心怀叵测的“美人蛇”，与差官胡赖“设诡计”，杀狗取血把山淋，致使莫一挥鞭赶不走群山，直接破坏莫一的“梦”。更有甚者，他们向皇帝谎报莫一“领众抗税抗皇粮”等，皇帝即下圣旨令胡赖领兵进剿，用九支暗箭对付莫一，莫一将“九支暗箭全收留”。无论胡差官怎样变本加厉，软硬兼施，莫一总是不屈不挠。莫一接受上京“和谈”。为了报家仇，替本民族争取生存的权利，莫一和99个壮家兄弟到京城后，跟皇帝的爪牙展开了一场场唇枪舌剑的智斗。胡差官在皇帝面前诬告壮人抗粮，有粮不交，并煞有介事地拿出一串5寸长的小米穗来作为证据。莫一当场揭穿了胡差官的鬼把戏是用线把小米穗串起来。经几个回合，莫一让皇帝和众官喝到细毛刺肉卡喉咙的“狗尾籽”（与小米相像的野生狗尾草的果实）粥，让皇帝吃到“老虎耳”（形状酷似芋头的野生植物）而“喉咙痒得似猫抓，喉咙肿得难呼吸”。皇帝恼羞成怒，胡差官更是要把壮人置于死地，说壮人生来“皮厚又坚韧，剥下人皮盖宫殿”最妙。莫一急中生智，要求剥皮之前“吃饱一餐辣椒粥”，莫一与99个壮家兄弟吃了一肚子辣椒热粥，个个浑身“飞汗如飞弹”，高喊“壮家兄弟皮漏水，问你皇家要不要”。皇帝收回剥壮人皮的成命而将莫一等人释放。

在有藩军不断骚扰、侵犯边疆领土的严峻形势下，朝廷张榜招贤选武将，莫一不计前嫌，识大体，为国分忧，与众兄弟进京揭榜，接受皇帝挑选，建立一支骁勇善战的壮家军，奔赴战场，充分利用自身的特异功能和原始武器，施展高超技艺，威名震边陲，建功立业在须臾。莫一因此得“册封大臣第十三”（壮家人称“莫一大王”）。莫一身在朝廷，揭发胡差官趁皇帝做寿之机而投毒的罪恶阴谋，致胡差官被斩首示众。

莫一不贪恋荣华富贵，“人在朝廷，心系壮山；日在朝中，夜归壮乡”。他有神马，总是“早晨飞去夜飞回”。后来，他妻子怀孕，一时流言蜚语，哗于民间。为证明清白，达巧将莫一的一只靴子藏起来。一来二去，天已大亮，太阳正在升起，莫一怕早朝迟到，三次挥袖把升起的太阳压下去，也因此投进更大的斗争漩涡。莫一犯了欺君之罪而使龙颜大怒，被“重打三百板”。奇怪的是，莫一挨打，“哭声来自皇后宫”；莫一被吊上房梁，哭声照样“来自皇后卧室中”。皇帝下令用两个铁钟罩住莫一，铁钟外烧了九天九夜的大火。炼炉式的铁钟打开，但见笑盈盈的莫一坐在皇后的尸体上。莫一又被关进死牢，最终仍是冲破禁锢，飞回壮乡。

为了把皇朝推翻，“让受苦人登上天堂”，莫一组织壮家兄弟日夜练武，“葡萄架上舞刀练打拳”，练抛巨石如抛花生米。莫父托梦于莫一，要大种青竹，“一园竹林九万兵，要和皇朝打到底”。于是莫一夫妻大种青竹，“种竹屯兵”，严阵以待。有一官老爷坐着大轿来到莫一家，“‘咔嚓’一声轿杠断”，兵勇去砍青竹做轿杠，莫母无意透露“神竹里面有神兵”的秘密，官老爷下令大加砍伐并放火烧。顿时，“火中飞出神兵将，神兵神将满山冲；神兵神将骂皇帝，飘飘若仙升太空”。出门在外的莫一夫妇骑飞马赶回来，用火烧过的青竹制作三支神箭，向京城连发，第一支箭射进京城，第二支箭射进宫中，第三支箭射中皇帝正在洗脸的金脸盆。莫一继续带领壮家兄弟练兵，又在龙王洞日夜造兵。还是那个“美人蛇”探知莫一造兵的秘密，并向官府告密。皇帝即派重兵围剿，爆发了一场空前惨烈的反围剿保卫战。终因“草兵草马”养不足 49 天（只差 1 天）而力量不支，莫一陷入困境。莫一誓死不降，喝了龙泉水，潜入龙泉底，“骑上龙鱼游龙宫”。“他悄悄冒头出水面”，即被差官毒剑横斩，“一条血柱喷长空，莫一大王首级入九霄”，在空中还会说话，痛骂皇军官兵，并且在皇军撤退之后，断头又回落到脖颈上，接得完好如初。莫一在回家路上遇见青年，在园边见妻子，到了家见老母亲，都问：“人被砍头能否当皇帝?”青年、妻子都说“能”，老母亲却说：“人被砍头成鬼了，皇帝怎能当?”话音刚落，莫一的“头颅突然落下地”。最后嘱咐妻子：把他的头颅装在坛中密封，严加守护，49天以后才开盖。妻子达巧照办，即设灵堂，唱祭祀勒脚壮欢，长歌当哭。

莫一的遗腹子出生，后继有人，给妻子、老母带来无限欢乐和希望。三亲六戚前来吃满月酒时，热闹非凡，奇迹正在发生：莫母“换了一双千里眼”；才满月的莫一之子长得似巨人，宛如“莫一复活”，“三只红蛋空中抛”，“就像当年莫一玩巨石”；“搬来大神弓”，还有三支分明写着“莫一大王公子之箭”的神箭，第一支“神箭飞到京城去”，第二支“神箭飞入皇宫去”，“第三支神箭上了弦”，“皇帝宝座底朝天”；再骑青竹“飞马”在白云蓝天盘旋。“七七四十九天满”，“坛中飞出千万兵”，“白尾蜂、鬼头蜂、地龙蜂纷纷飞出坛口”，跟随莫一大王之子出征，到了京城，到了皇宫，蜂们各显神通，把皇帝皇后和文武官员以及王子们、后妃们（当然包括做了妃子的“美人蛇”在内）蜇得头青脸肿，双眼失明，纷纷死于宫中，“横扫残兵败将”，砸开监狱，解放囚徒。最后，莫一大王之子凯旋壮乡，去凝聚壮民族的力量，去接力奋斗，去实现壮民族“光明自由幸福”的伟大梦想!

四

鲁迅先生曾说：“一个没有英雄的民族是可悲的民族，

一个有了英雄却不懂得敬重和爱戴的民族是不可救药的民族。”郁达夫先生也说过类似的话：“一个没有英雄的民族是可悲的奴隶之邦，一个有英雄而不知尊重的民族则是不可救药的生物之群。”

两位哲人的话，都道出了一个民族既有自己的英雄，又知拥戴英雄显得何等的重要。时势造英雄。人类社会矛盾的激化，时代的动荡多变，能给人以显露才华和本领的机会，造就出英雄人物。

《莫一大王之歌》的主人公莫一大王，是一个富有传奇色彩的神话人物，他是古代壮族先民在反抗封建统治的斗争中，根据原有流传的神话传说，以及自己的生活和愿望，精心塑造出来的理想中的民族英雄。韦文俊先生根据流传千百年的富有传奇色彩的英雄莫一大王传说和民歌，翻译整理并出版诗歌体的英雄史诗《莫一大王》。之后又以此为题材，创作出版长篇小说《人熊儿传奇》。20多年之后，再创作叙事长诗《莫一大王之歌》，扩充内容，精雕细刻，费尽心力，把莫一大王的英雄形象塑造得更为完美、更为理想，表达对莫一大王的崇拜和景仰，并借这一新作的出版，更广泛更深入地宣传、弘扬莫一大王英雄形象所表现的壮民族的伟大精神。

莫一大王原来也是一个普普通通的壮家受苦人。他有家庭，有父母，有妻室，过着艰苦的躬耕生活。他具有劳动人民的浓厚感情和阶级本色。为了维护本民族人民的切身利益，他在森严的朝廷上，在皇帝面前，敢于冒生命危险，智斗奸臣，为民除害。在藩兵入侵、国难当头时刻，摒弃前嫌，敢于进京揭榜，组织壮家军，英勇出征，旗开得胜，消灭来犯之敌，为定国安邦建功立业。受册封为大臣（壮家人称“莫一大王”）。以后，虽然远在京城当官办事，却时刻不忘家乡的父老兄弟，每晚都要跑回家来。他无意要出人头地，只想为国为民多多效力。他被迫走上反叛的道路，是封建王朝容不了他的缘故。他反叛以后，对封建统治者展开了一系列的反抗斗争。在这一过程中，莫一集人民群众的智慧和思想、胆识和力量于一身，充分地显示了他的神通广大、勇敢机智，具有超凡的本领：能将捆在身上的铁链一挣就碎；可以将自己被打被吊的事转移到皇后身上；能像孙悟空那样从“炼炉”出来而毫发无损；关进死牢可以冲破重重禁锢；能一箭射中皇帝正在洗脸的金盆；能像赶羊群那样用竹鞭赶着群山；能在竹子里孕育兵马；脑袋被砍下来还能说话，还能再安回去复原……他不是那种不食人间烟火的天神，却具有超人的神力，这是人民通过幻想赋予他的。

莫一大王之所以神通广大，还因为在他背后有神灵（他的亡父）的相助。例如“吞珠”一事，就首先使他异乎凡人；往后，当他遇到危难，陷入绝境之时，总是得到神灵在冥冥中的护佑，并从神灵那里获得斗争的法宝，如亡父托梦要他种青竹育神兵等。作为早期的英雄传说和英雄史诗，受神话的影响很大，是神话的直接继承者。它往往用出身于神或得到神助来解释英雄的超凡本领和强大力量，这是人类从野蛮阶段带来的痕迹，这是完全可以理解的，更何况帮助莫一大王的这个神灵，并不是别的什么神仙，而是他的亡父。他的父亲是被皇帝派来的差官打死的，冤魂不散，对于儿子的复仇和反抗，当然会鼎力相助，给予必要的指点和帮助。这种描写也是人民的意志和愿望的表现。

作为一个英雄形象，莫一大王特别感人和值得歌颂的是他那种败而不馁、锲而不舍、百折不挠的战斗精神。他的脑袋被砍掉，“人被砍头成鬼了”，还不断地骂皇帝和官军，还在泉边找到飞马，还是“武艺绝顶的大力士”，最后还叮嘱妻子把自己的头颅装进坛中密封，后来变成白尾蜂、鬼头蜂、地龙蜂，显然是莫一大王的英灵和化身，力助遗腹子继承遗志，前赴后继，要永远与反动统治者斗争到底！莫一大王在与封建统治者作斗争中表现出来的这种百折不挠、宁死不屈、死而不已的精神，是何等的惊心动魄，可歌可泣！这形象而鲜明地展现了壮民族在长期的斗争实践中所形成的顽强、坚毅的民族性格；这充分地说明了古代壮族人民是不甘心忍受压迫（包括外敌入侵）和奴役的。反动统治阶级的任何高压手段，始终征服不了他们，只能激起他们更强烈的反抗。因此，我们可以这样说：莫一大王的时代，就是古代壮族人民反抗封建统治的时代；莫一大王这个英雄形象，是时代精神的体现者。

《莫一大王之歌》是一部古代英雄叙事诗，亦称“英雄史诗”，成功地塑造了一个古代英雄形象，凝聚着壮民族的伟大精神，体现着壮民族追求光明、自由、平等、正义和美好幸福生活的崇高理想。这部英雄史诗既悲壮苍凉，又大气磅礴，洋溢着生机勃勃的青春活力，闪烁着智慧的光芒，表现强大的艺术生命力，对壮民族乃至中华民族的历史和文化的发展必将起到一定的促进和推动作用。

在壮民族文明史的发展进程中，莫一大王的光辉形象所体现的伟大精神，就一直传承了千百年。在宋代，壮族首领侬智高曾经建立“南天国”，多次击退交趾入侵。后举兵反宋，破邕州，改国号为“大南国”，转战两广地区，声势浩大，为维护南疆地区的安宁和国家的统一做出贡献。在明代，八寨壮族农民起义是国内发生的历时200余年最有影响的农民起义之一；此外还有大藤峡瑶壮民历时

200余年的农民起义；古田（今广西永福县一带）壮族首领韦朝威、韦银豹父子组织的壮民起义，斗争持续100余年。近代太平天国运动中，以石达开、萧朝贵、李开芳、谭绍光、李锦贵等15位壮族将领及数以万计的壮民参加艰苦卓绝的反清斗争。在抗日战争中，庞汉祯中将是第一位抗日殉国的壮族将领；有众多壮人参加的桂系军队，在八年抗战中立下赫赫战功。在中国共产党领导下的革命斗争时期，中国红军战斗系列中，红七军是一支骁勇善战、英勇顽强的部队，是以壮民族为主伴随百色起义而诞生，壮族人李明瑞任红七军军长。从百色起义走出来的，经历抗日战争、解放战争洗礼的开国将领，有韦国清、韦杰等13名壮族将军，在各少数民族当中，人数是最多的。壮族人韦拔群，1923年就在广西东兰县从事农民运动，“三打东兰”是中国现代农民革命运动史上最早的一次武装起义。1925年初入广州农民运动讲习所学习，结业后回东兰继续从事农民运动。1929年参与领导百色起义，建立右江根据地，任红七军第三纵队司令员及第二十一师师长。部队奉命北上，他留在家乡，重新组建部队，在极其艰苦的条件下坚持游击战争，开创了惊天地泣鬼神的伟绩。1932年在“反围剿”中遭叛徒暗害。1934年召开的中华苏维埃共和国第二次代表会上，毛泽东主席在会上提议为韦拔群的牺牲致哀。这些，都与莫一大王的精神一脉相承！

五

《莫一大王之歌》这部英雄史诗的创作，在艺术上很有特色，主要表现在几个方面：

第一，利用、改造和继承、发展壮族民间关于莫一大王的神话传说。韦文俊先生曾经搜集整理英雄史诗《莫一大王》，共5000余行。原来不分章节，经整理后，共分十章：一、吞珠；二、斗奸；三、当王；四、压日；五、赶山；六、种竹；七、射箭；八、扎兵；九、中计；十、变蜂。莫一大王的神话传说，广泛流传于桂中地区民间的师公阶层和普通百姓阶层，有散文体，也有韵文体，而且每一种体裁又有许多异文。民间师公教的师公唱本篇幅就很短，仅500余字。在广西各地壮族民间有不少与《莫一大王》类似的英雄传说，对这一传说类型常见的情节单元，可作如下归纳：一、英雄奇异的出生：或因风水而孕，或非人类所生，或怀孕数年才出生；二、英雄在京城或远离家乡的某地读书或做官；三、他每天晚上穿飞靴或骑神马等，回来与妻子同眠；四、妻子怀孕，遭母亲（继母）和邻居误解，留下英雄一只靴子作证；五、英雄因没了靴子误了上学或上朝，他挥手或射箭使太阳下落；六、因太阳落或箭射至皇宫，引起皇帝或其他人恐慌，英雄被害；七、英雄接上头回家，逢人就问“人头断了是否还能复生”，继母和孕妇等人回答“不能”；八、英雄死去，托梦要妻将自己的尸体放在坛子里，用米粥浇灌四十九天；九、四十八天时被母亲（继母）发现打开，或把滚粥倒入；十、坛里倒出穿盔甲的小人或蜜蜂，因小人骨头软，蜜蜂翅膀不硬，使皇帝躲过一劫；十一、埋英雄尸体的地方生出竹子，英雄再次托梦给妻子，每根竹子非一百块不卖；十二、皇帝路过此地，轿杠折断要买竹子做轿杠，妻子卖一百块，母亲（继母）以九十九块卖掉；十三、竹子断掉，竹子里跳出背枪的小孩，骨头太软倒在地上；十四、英雄大业终告失败。韦文俊先生的长篇小说《人熊儿传奇》共38章，比任何一种莫一大王传说的异文，内容要丰富得多，英雄形象要丰满得多，反映社会现实生活更有广度和深度。《莫一大王之歌》以《人熊儿传奇》为蓝本，在情节内容上增加“灵堂祭歌”及莫一的遗腹子前赴后继等，别开生面，深化主题，把传统认定悲剧类型演变为悲喜剧类型。然后，变换叙事长诗写作体裁，运用诗歌的表达方式。虽然韦文俊先生曾写过十几部叙事长诗，但是，这次写《莫一大王之歌》将最全面地检验他驾驭叙事长诗的功底和能力，更将进一步了解他在作品中如何对莫一大王神话的继承和发展情况。

任何一个民间流传的神话故事，总是从一些短小的叙事开始，经过世代多人传唱，不断加工补充与整合，才逐渐完成。中间，凝聚着千百人的智慧和才能。韦文俊先生继承和发展民族民间文学精华，是加入关于莫一大王神话传说集体创作行列的杰出代表人物。他凭着深厚的民间文学功底，怀着对壮族古代英雄莫一大王崇拜的心情，孜孜不倦，追求完美，专心致志，打造《莫一大王之歌》这份精品，可以让关于莫一大王神话传说的集体创作活动暂时告一段落。

第二，抒情中叙事，叙事中抒情，叙事清楚，情满篇章。《莫一大王之歌》每章标题就是一个重要情节，每个情节的表述，与小说的表述有所不同，不像小说那样常常以离奇曲折、节外生枝的情节去吸引读者。第四章“鸳鸯成对”中，情节是莫一与达巧成亲。年届十八的英俊小伙莫一，“手卷木叶山头吹，木叶声声传情意”，“惊动对面锄地一美人”达巧，于是对歌，互表爱慕之情。从身世到眼前的生活描述，爱情的表白，爱情的誓言，两人拉近距离，心心相印，“不用牛羊不用酒，莫一达巧牵手回”，开始了“妻扶犁来夫拉犁”的生产劳动生活。成亲情节简单，却抒发了一对新人那种患难与共、终生相守、热烈真挚的爱情。第十一章“送行路上”，叙述莫一等人上京“谈判”，亲人送行的全过程，抒发他们浓厚的亲情和纯真的爱情及依依惜别之情，鼓舞莫一等人不畏艰险，敢于锄奸除暴，不负乡亲们的重托！第十六章“夜归壮山”，叙写莫一智歼入侵顽敌而建立功勋，被册封为“大臣第十三”后，不贪恋高官厚禄，不愿享荣华富贵，心系亲人，心系壮乡，夜骑飞马回归壮山，抒发了热爱壮乡、热爱亲人的蜜意浓情。诸如以上这种抒情中叙事，叙事中抒情，各章莫不如此。

第三，对人们喜闻乐见的广西山歌和壮族民歌（壮欢）的运用十分突出，见证作者努力学习、实践“中国诗歌出路理论”。广西享有“歌海”盛誉，各族人民都爱唱山歌，出口成歌的习俗由来已久。广西山歌题材之广泛，内容之丰富，一直令人叹为观止。它涵盖了各族人民生活的各个领域，诸如生产劳动中的渔猎采集，开山挖地，农事耕作，伐木造屋，筑路架桥；社会生活中的伦理道德，尊老爱幼，人际交流，迎来送往，娱乐嬉戏；人生礼俗中的生男育女，成年仪典，婚恋嫁娶，添粮补寿，丧葬祭祀等，无不用歌表达，甚至讲述本民族的传统历史文化，传授日常的生产生活知识，调解民间纠纷，判断是非曲直，也都以歌代言。山歌具有通俗化、口语化的特点，许多村言俚语用在山歌上，能使山歌更生动活泼，饶有趣味，更容易表情达意。山歌常常用赋、比、兴、夸张、谐音等手法来增强其艺术感染力。有“韦仓库”之称的韦文俊先生，满腹广西经典山歌，而且有很强的创编山歌能力，完全可以随口吟唱，有资格跻身于广西“歌王”之列。于是在《莫一大王之歌》的许多篇章中，或是信手拈来经典山歌，或是自己创编，为抒情叙事所用，很能为作品增添异彩。

壮欢，是壮族山歌的一种。最初，壮乡人民多在喜庆节日或人们心情极为高兴、畅快的时候，用歌声来表达心中的喜悦，是心情处于欢乐状态下表达出来的一种歌声，因此称为“壮欢”。往后，作为一种歌唱形式的壮欢，喜怒哀乐七情六欲的内容均可用来表达。在壮欢中有一种很重要又很特殊的形式——勒脚欢。勒脚，壮语是“复唱”的意思，比其他任何一种歌式都更复杂，要求更为严格，按一定形式反复回唱，并做到歌词内容虽反复重叠而意思不重复和累赘，歌唱形式虽相应重复而无拖沓之感。如果不是高手是难以做到的。勒脚欢按其句式和唱法，每首有八行、十二行、十八行、三十六行不等，以十二行最为常见也比较盛行。以十二行一首勒脚欢为例，每首三节，每节四行。第一节是整首歌的内容中心，第二节的后两行重唱第一节的一、二行，第三节的后两行重复第一节的三、四行，形成“一、二、三、四”“五、六、一、二”“七、八、三、四”句式，第一节是主题思想的体现，第二、三节分别围绕第一节的意思展开、发挥，使歌的内容充实而深化，主题思想更突出。《莫一大王之歌》中，韦文俊先生轻车熟路、游刃有余地运用壮族勒脚欢这个形式，那一唱三叹，那循环往复，于抒情中叙事，于叙事中抒情，情满篇章，使叙述的故事更为生动，人物的内心世界更为丰富多彩，形象更为鲜明突出，作品更具土味、特味和壮味，更具地域和民族特色，让读者特别是壮族读者痴迷，倍感亲切！

韦文俊先生创造性地运用广西山歌和壮族勒脚欢的形式来创作，使我想起了毛泽东的“中国诗歌出路理论”。毛泽东早在 1958 年就明确提出中国诗歌的出路问题。他说：“我看中国诗的出路恐怕是两条：第一条是民歌，第二条是古典。这两个方面都提倡学习，结果产生一个新诗。”（毛泽东在1958年3月“成都会议”上的讲话）之后他又说：“将来趋势，很可能从民歌中吸取养料和形式，发展成为一套吸引广大读者的新体诗歌。”（毛泽东1965年7月致陈毅论诗的信）数十年来，毛泽东的“中国诗歌出路理论”对民族新体诗歌的发展起到了航标灯的作用，推动了新体诗歌的发展，但也有不少杂音。诗人韦文俊长期以来努力学习和实践毛泽东关于“中国诗歌出路理论”，取得辉煌成果，确实值得关注。

在《莫一大王之歌》中，关于向古典和民歌学习的例证，可以说俯拾即是。

人们表示爱情的真诚、坚定，常常用“山盟海誓”这一成语，即指山与海为誓言，表示爱情要像山与海那样永恒不变，坚定不移。其实，山可移，海可填，有“移山填海”和“移山倒海”的成语为证。因此，“山盟海誓”仅仅是一般的表示了。在中国古典作品中，有《汉乐府·上邪》《敦煌曲子词·菩萨蛮》和散曲《劈破玉·分离》等，对于爱情真诚、坚定的表示，以种种不可能产生的自然现象来表示，是颇为精当的。

《汉乐府·上邪》中写道：“上邪！我欲与君相知，长命无绝衰！山无陵，江水为竭，冬雷震震，夏雨雪，天地合，乃敢与君绝。”诗中女子以种种不大可能或绝不可能产生的自然现象向心上人发誓永远忠于爱情。这种表现手法，被后人屡屡模仿，影响较大。

《敦煌曲子词·菩萨蛮》中写道：“枕前发尽千般愿，要休且待青山烂。水面上秤锤浮，直待黄河彻底枯。白日参辰现，北斗回南面，休即未能休，且待三更见日头。”发誓者一连用了六件自然界绝对不可能或不大可能发生的现象来做誓词，表示自己对爱情的坚贞。

散曲《劈破玉·分离》中写道："要分离，除非天做了地！要分离，除非东做了西！要分离，除非官做了吏！你要分时分不得我，我要离时离不得你，就死在黄泉也，做不得分离鬼！"这散曲的立意、手法都与上两篇相类似，发誓永远忠于爱情，但语言更通俗，态度更坚决。

对照《莫一大王之歌》，有几处出现莫一与达巧的爱情誓言，且用山歌形式表示：

第四章"鸳鸯成对"中，莫一唱道："哥有心来妹有心，天断日头不断情，江水断流情不断，双刀架颈不变心！"莫一达巧合唱："生不丢来死不丢，除非白马变黄牛，除非扁担生叶子，冷饭发芽也不丢！……除非公牛会生仔，公牛生仔也不丢！"

第十一章"送行路上"中，莫一唱："牵手来到芭蕉林，哥妹生死共条心，变花我俩共盆种，变鸟我俩共山林，变鱼我俩共游水，变鬼我俩共坟茔，除非竹篙长新叶，竹篙长叶不分心！除非红日西边起，红日西升不断情！除非公牛会生仔，公牛生仔不变心！"

这些诗歌显然对于古典既有继承，又有发展，直接用山歌形式来写，或是直接活用经典山歌，这是学习古典、民歌的一个很有说服力的例证。

唐代诗人王维的《相思》写道："红豆生南国，春来发几枝？愿君多采撷，此物最相思。"这首诗借用红豆以寄相思之情。因红豆而寄兴，珍惜友情，希望友人不要忘记自己，一问一劝，尤觉情意绵绵。

《莫一大王之歌》有几处用山歌的形式写作，把王维所写的"友情"深化到"爱情"，颇有创造性。第十一章"送行路上"写道："两对笑眼望笑眼，匆匆来到红豆坡：'送哥送到红豆坡，讲起分离泪成河，破开手臂栽红豆，入肉相思不忘哥。''举手摘下红豆荚，去荚取豆带回家；

红豆艳丽耀双眼，歌声飘过万丈崖。’‘满坡红豆红艳艳，摘袋红豆挂身边，妹背红豆回去种，红豆种在妹心间。’‘归就归，妹念哥来哥念妹；哥栽红豆在心里，红豆发芽哥就归！’”第二十七章“灵堂祭歌”中，达巧还唱：“破开手臂栽红豆，入肉相思难断根；做梦如同亲眼见咧，醒来隔天又隔云。”

唐代诗人孟郊的《游子吟》写道：“慈母手中线，游子身上衣。临行密密缝，意恐迟迟归。谁言寸草心，报得三春晖。”写的是深挚的母爱。“慈母手中线，游子身上衣”两个词组（不是两个句子），突出两件最普通的事物——“线”“衣”，写出了母子相依为命的骨肉之情。诗人韦文俊对此古典心领神会，也把“线”和“衣”之类移到写夫妻之情上来。

还是第十一章“送行路上”，用山歌形式写道：“一双布鞋送给夫，夫到京城别忘妻，线连针来针连线，针线相牵永不离！一双布鞋白布底，千针万线打得密，鞋底打成胡椒眼，妻念夫来夫念妻！”“一双布鞋新又新，千针万线来缝成，针针线线连着妹，哥穿新鞋不忘情。哥穿新鞋暖透心，翻山越岭穿老林，刀山火海哥敢闯，不除奸臣不回程！”第十六章“夜归壮山”中写道：“棚里透出油灯亮，达巧灯下缝新衣。一套新衣缝好了，又帮郎君纳鞋底，鞋底厚厚千层布，千针万线缝得密，边纳鞋底边思念，思念情哥入了迷……如今有鞋无处送，思念情哥泪滴滴。”

《莫一大王之歌》多处采用广西山歌形式。在第二十七章“灵堂祭歌”中几乎首首都是壮族勒脚欢。说韦文俊先生运用壮族勒脚欢的形式轻车熟路、游刃有余是千真万确的。

诗人韦文俊学习和实践“中国诗歌出路理论”，学习民歌和古典，写作叙事长诗《莫一大王之歌》获得成功，很值得诗人及诗歌理论研究的专家学者关注!

第四，把壮族地区民族风情习俗、物产融入诗中，加深了现实主义成分，具有浓郁的民族和地方色彩。如前所述的诗的本身运用广西山歌和壮族勒脚欢，就是一个重要方面。从作品的一系列情节来看，许多情节和细节都涉及壮族地区的自然风土习俗和社会现实。诗中透露了岭南地区特别多山，还透露有木棉树、香樟树、大榕树、红豆树、芭蕉、牛甘果、鹧鸪、锦鸡、山猪、黄猄、扁头风(眼镜蛇)、水牛、山薯、野果、蜂鼓、南瓜、荞麦饭、玉米粥、芋头、红薯、小米和三脚石灶等一些壮族地区的物产。第十二章“智斗获胜”中，写的“老虎耳”“狗尾籽”，是壮族地区普遍生长的野生植物。“老虎耳”形状酷似芋头，“狗尾籽”与小米也非常相似，不是每个人都能容易辨别出来的，因此莫一能够以假乱真，在皇帝面前斗倒胡差官。在封建时代，广大壮族人民受双重压迫剥削，生活极端贫困，长年累月多是喝粥。热天喝热粥，自然汗流浃背，如果再加上辣椒、生姜，难免要挥汗如雨。正因为是这个情况，莫一能够利用这个办法，造成假象，从而粉碎了胡差官要剥壮人的皮来盖宫殿的恶毒阴谋。《莫一大王之歌》正是将壮族神话的积极浪漫主义与现实主义有机结合。

第五，山歌化的诗句，常常用赋、比、兴、夸张、谐音等手法，来增强作品的艺术感染力。除如前所述的爱情誓言之外，仍有多处值得一提：在第四章“鸳鸯成对”中，言及贫苦生活时，莫一唱道：“上村下寨算哥苦，百崋千山算哥难。补件烂衣三斤重，大旱三年晒不干。砍柴换米难上难，一筒碎米分九餐，罐子煲来调羹舀，何曾得饱哪一餐?”达巧唱道：“苦忧忧，三天无米下锅头，老鼠进灶去生仔，蜘蛛结网满锅头。”第十五章“借刀斩奸”中，胡赖施毒败露，有诗句写道："蜈蚣钻进猪笼躲，如今它才露出脚；当众破开墨鱼肚，一眼看穿黑心窝！"其中运用的赋、比、兴都很值得肯定。赋就是铺陈直叙，即是把思想感情及有关事物平铺直叙地表达出来。在《莫一大王之歌》这一叙事长诗中，铺陈与排比结合在一起，将一连串内容紧密关联的景观物象、事态现象、人物形象和性格行为，按照一定的顺序组成一组组结构基本相同、语气基本一致的句群，淋漓尽致地铺写，又一气贯通，加强语势，渲染环境、气氛和情绪。我们在阅读的时候，也是不可以忽视的。

叙事长诗《莫一大王之歌》是一部成功之作。这是壮族文学发展史上的一件大喜事，将标志着壮族文学又跨上新的台阶。《莫一大王之歌》自始至终，一气呵成，气势磅礴，几是无可挑剔。如果从精益求精的角度讲，考虑到可以锦上添花的，似应注意一点：在第二十七章"灵堂祭歌"中，达巧哭灵发自肺腑，情真意切，感天动地。壮族勒脚欢那回环往复、三叹一唱的特异功能，特别适合表达达巧对莫一大王的深厚感情。这是全诗抒情、叙事的高潮所在。但达巧孤独无助地哭，缺少亲友和壮民的关心慰问以及对英雄的哀悼，不符合人情味很浓的壮民族习俗实际。在哭灵中，如能对莫一大王英雄业绩和伟大精神有提纲挈领的表述，将会收到画龙点睛的艺术效果。幸好作品印刷之前，韦文俊先生就及时地尽可能地弥补了这一不足而有所改进。正是："机不旋踵，时不再来；必发今宵，无贻后悔！"

癸巳（2013）蛇年五月端阳

写于柳州市清华坊寓所

【序作者简介】　黄汝迪，男，壮族，广西来宾市人。广西师范学院中文系本科毕业。中共党员。高级讲师，特级教师。广西作家协会、广西民间文艺家协会会员。著作有中篇历史小说《剑气凌霄》，散文集《黄汝迪文存》，电影文学剧本《昆仑关大战》《咆哮的叠水河》，电视文学剧本《八寨狂飙》《柳宗元》《二度情缘》。5 部剧本中有 2 部获国家广播电视总局颁发的拍摄制作许可证，有 2 部剧本同时获评全国少数民族优秀影视文学剧本奖。《壮族文学发展史》对 5 个剧本有评介。编注地方和民族经典诗词散文《历代诗人咏来宾诗词选注》《广西忻城土司诗文选注》2 部。编著文化图书《广西壮族文学概述》《爱国者的故事》《3000 常用汉字基本知识手册》等 10 余部。

目 录

序 歌 …………………………………………………… 1
第一章 林中遇难 ………………………………………… 2
第二章 熊洞六载 ……………………………………… 14
第三章 戏弄富人 ……………………………………… 26
第四章 鸳鸯成对 ……………………………………… 38
第五章 水贵如油 ……………………………………… 47
第六章 老父遭害 ……………………………………… 55
第七章 吞下宝珠 ……………………………………… 64
第八章 赶山造湖 ……………………………………… 75
第九章 九支暗箭 ……………………………………… 84
第十章 万众一心 ……………………………………… 93
第十一章 送行路上 ………………………………… 103
第十二章 智斗获胜 ………………………………… 112
第十三章 进京揭榜 ………………………………… 127
第十四章 智歼顽敌 ………………………………… 138
第十五章 借刀斩奸 ………………………………… 149
第十六章 夜归壮山 ………………………………… 157
第十七章 挥袖压日 ………………………………… 166
第十八章 龙归大海 ………………………………… 176
第十九章 日夜练武 ………………………………… 190
第二十章 神竹遭斩 ………………………………… 200
第二十一章 三支神箭 ……………………………… 210
第二十二章 洞中造兵 ……………………………… 219

第二十三章　狗的奥秘 …………………………… 230
第二十四章　岊中激战 …………………………… 238
第二十五章　泉边夜话 …………………………… 248
第二十六章　重返壮山 …………………………… 263
第二十七章　灵堂祭歌 …………………………… 279
第二十八章　皇宫大乱 …………………………… 298
致文俊同志 ……………………………………… 313
后　记 …………………………………………… 319

序　　歌

雄鹰翱翔在高空，
剪碎万里白云；
红水河闯开千山万岭，
一路欢歌奔腾；
棵棵木棉树高擎红灯，
为咆哮的红水河照亮前程；
巍峨的群山齐声高歌，
歌唱莫一大王——我们壮家的英雄！

滔滔红水河千年流不尽，
巍巍大青山万代永昂首。
莫一大王颂歌传千古，
壮家子子孙孙铭记在心头！

第一章　林中遇难

山，山，山，
山，山，山，
莽莽苍苍的群山，
像牛群似马帮，
在南疆广漠的原野上，
追逐，嬉戏，撒欢……

在万山丛里，
有一座拔地而起的独山，
形状似飞马，
名叫“飞马山”——
山巅昂起像马头，
高高插入白云端；
山尾长长向上翘，
酷似马尾扫蓝天。

山脚岔开四道梁，
好似马腿粗又长，
后腿右脚山坡下，
有座小小的村庄，
这是壮家的村寨，
名叫“飞马村”。

飞马村里，
住着纯朴而善良的壮民，
他们世世代代在山岽里劳作繁衍，
他们的双足从未迈出山门。

飞马村旁，
有棵千年古榕，
古榕枝繁叶茂，
四季绿葱葱。

古榕像把大绿伞，
绿伞撑到白云中，
古榕长须飘到地，
地里粗根似长龙。

古榕绿叶绿莹莹，
绿荫遮盖飞马村，
村里壮民年年乐，
世世代代靠树根。

古榕树下，
有座“人”字形的茅棚，
茅棚里住着一对憨厚的夫妇，
他们渴望生个宝宝传祖接宗。

那是他们婚后十年的一个晚上，
一颗闪亮的流星划破长空，

拖着一条弧形的长尾巴，
恰好落入这座“人”字形的茅棚。

茅棚里传出“呜哇——呜哇——”的啼哭声，
啼哭声声震山冲，
壮家宝贝小莫一出世了，
夫妇笑口合不拢。
一只金猫投入怀咧，
三碗蜜糖落肚中！

今晚壮山的皓月格外明亮，
今晚壮山的天星闪闪发光，
今晚壮山的公鸡提前报晓，
今晚壮山的鸟群争相欢唱，
今晚壮山的松涛声更为洪亮，
今晚壮山的泉水琴音响彻山冈，
今晚壮山的木棉树红灯擎得更高，
今晚壮山的红水河歌声更为嘹亮，
今晚壮寨的山山岭岭都欢腾了，
今晚壮家的舞步歌声通宵达旦，
从此壮山充满了吉祥，
从此壮家充满了希望！

小莫一真乖巧，
落地三朝就会笑，
尚未弥月就会走，
刚满三月就会跑。

一餐吃下三碗饭，
周岁长到三尺高。
圆圆红脸像苹果，
乌溜溜的双眼似葡萄，
一对酒窝嘴角挂，
见人招手眯眯笑！

柴多火焰旺，
饭足人茁壮；
莫一三周岁，
像六岁模样。
一餐五碗饭，
一日吃五餐，
两手硬如铁，
双脚坚似钢，
说话声洪亮，
走路像舂墙。

莫一吃饭吃得香，
粗茶淡饭像蜜糖，
瓜瓜菜菜龙肉样，
腹中挂个大饭囊，
母亲见了双眉锁，
父亲见了愁断肠。

愁断肠哟愁断肠，
生活重担压肩上，
全靠砍柴来换米，

一担干柴半筒粮。

挑柴扁担颤悠悠，
米筒挂在扁担头，
打柴换得半斤米，
尖嘴老鼠又来偷，
苦胆泡进黄连水，
无米下锅全家愁，
老鼠进灶去生仔，
半边烂锅挂墙头。

油罐无油，
妈用火烘，
盐罐无盐，
妈用水洗，
缸中无米哟，
狗吠三声缸倒地，
叫妈怎能把火生？
叫妈怎能把饭煮？
你爸鸡啼出门去，
卖柴卖炭来换米，
如今红日高九丈，
无米下锅苦凄凄！

灶中烈火燃三次，
灶里烈火灭三回，
日到中天未见米，
儿饿母饥泪霏霏，

妈饥还能顶两日，
儿饿难挨泪湿衣，
热锅里头爬蚂蚁，
你说焦急不焦急？

莫一敲碗入伙房，
口口声声饿断肠：
“阿妈给我一碗粥，
阿妈给我半碗汤！”

儿寒，
阿妈全身长鸡皮哟，
儿饿，
阿妈双眼泪滴滴。
如今阿妈再生火，
等米煮饭给乖吃，
我儿快止泪哟，
我乖先歇息！
灶里烈火红，
烧开满锅水；
阿妈系裙出门去，
登上高坡望夫归。

山高阿妈望矮了，
路长阿妈望断了，
铁打眼睛也望穿哟，
换米夫君不回还。

莫一饥肠辘辘，
莫一泪水汪汪，
莫一拉着妈双手，
莫一睁眼把妈望：
“我们翻山越岭去，
迎接阿爸快回山，
山边野果能充饥，
岽里山薯顶饭餐。”

手挽竹篮肩扛锄，
拉着乖儿把门出，
母子匆匆来到猴王岽，
山边野果一簇簇。

莫一灵过小猴，
莫一巧过松鼠，
眨眼爬到树顶去，
束束野果地上丢。
母子对笑吃野果，
口甜肚饱不忧愁。

母子走进猴王山，
山高林密绿浪翻，
妈在山边挖山薯，
儿入老林捉蝶玩。

花蝶翩翩舞，
莫一紧紧追，

花蝶飞绕一处处花丛，
莫一飞跑不觉累。
花蝶与他有意捉迷藏咧，
他玩蝶入迷忘记归。

妈在山边挖山薯，
一锄不下三分土，
铁锄举不过头顶咧，
汗珠滚滚湿透衣服，
双眼发黑天地转哟，
一头昏倒在山谷。
口吐白沫双眼闭，
心唤乖儿叫不出……

山边青石也叹气咧，
树上猿猴滴泪珠，
山泉呜咽花落泪，
山花落瓣洒满谷。

一棵三人合抱不过的大树，
树后藏着一个毛茸茸的人熊婆，
她双眼似铃铛，
一头乱发像鸡窝，
两只长奶水瓜样，
满口獠牙太凶恶，
豺狼见她双脚软，
虎豹见她打哆嗦。

一只山兔如雪白，
竖着双耳跳过来；
人熊婆猫腰走过去，
山兔惨叫声声哀。

她把山兔倒着提，
紧握两只后腿猛撕开，
白兔被撕成两半哟，
血染草地花不开。
她美美吃了一大餐咧，
血染嘴角染长奶！

莫一追捉花蝴蝶，
不觉来到原始林，
林下腐叶九尺厚，
一脚踏下三尺深，
滔滔绿浪天边涌，
悠悠白云变绿云。
莫一追蝶入了迷，
误入老林难转身。

人熊婆远远窥见小莫一，
咂咂血口心甜蜜，
蹑手蹑脚尾追去，
双手擒住小莫一。

莫一看见人熊婆，
吓破小胆急呼救：

“阿妈——阿妈——快救命哟，
快来打死这血口獠牙大怪物！”

人熊婆油腔滑调哄莫一：
“你妈死在山边你不知，
从此我是你亲娘，
好饭好菜让你吃。
你是我的心肝小宝贝，
给你穿上艳丽的百鸟衣，
给你戴上美美的虎皮帽，
给你盖上暖暖的千兽被。”

莫一拼命来挣扎，
脚踢口咬双手抓，
抓她长发猛一扯，
连皮带肉扯脱一大把。
人熊婆头破血流哇哇叫，
恼羞成怒把莫一打，
打昏莫一翻过肩，
背在背上把山爬，
千仞悬崖她飞过，
三丈大沟她一步跨，
不觉来到熊洞口，
攀藤下洞回老家。

点燃松明洞中亮，
本想撕碎他美美吃一餐，
松明照见他很美：

圆圆脸儿闪红光，
双眼亮亮天星样，
虎背熊腰挺胸膛。
今后会成大力士，
长大会成大美男，
何不留下把他养，
晨昏相伴心欢畅。

莫一老父换米归，
呼妻唤儿无人应；
寻人来到人熊崽，
觅见妻子昏沉沉。
灌下草药把她救，
夫妻相抱泪满襟。

夫妻踏遍山山岭岭，
呼唤声声把儿寻：
“儿啊，你在哪座山？
儿啊，你在哪座岭？
快回来哟，我的乖，
快回来哟，我的心……”

父呼千声不回音，
母唤万句不见人，
父母心碎肝肠断哟，
手扶拐杖满山寻，
一路行来一路喊，
晚风送来山回音：

“儿啊，你在哪座山？
儿啊，你在哪座岭？
快回来哟，我的乖，
快回来哟，我的心……”

第二章　熊洞六载

没有日出日落，
没有灯光篝火；
不知过了多少日日夜夜，
也不知这日日夜夜怎么过。

小莫一渐渐苏醒，
他慢慢睁开眼皮；
洞里漆黑一团哟，
伸手不见五指！

他惊呼妈妈不见应，
他急唤爸爸不见答，
头脑要炸开哟，
骨头要散架，
两手像软藤，
双脚如糍粑！
站也站不稳咧，
“扑通”倒地下，
抬手摸头顶，
头上有个血泡鹅蛋大。

手摸血泡黏糊糊，

痛得好似利针扎；
将手放到鼻尖下，
又腥又臭眼发花。

这是人熊婆欠下的血债似海，
这是人熊婆留下的罪证如山；
复仇种子埋心底，
血债要用血来还！

我从小在笑声里长大，
爹妈从小把我夸，
爹妈从心底把我爱，
壮家兄弟赞我是一朵木棉花！

今日为何入虎口？
今日为何没有家？
今日为何被困在黑洞里？
今日为何遭毒打？

妈妈哟，孩儿遭难你可知？
你是不是挖得山薯回到家？
人熊婆说你昏倒在山坳，
孩儿日夜把心挂。

你爱我爱入骨髓里，
你疼我疼在心坎下；
米少粥稀妈怕儿挨饿，
妈喝粥水让儿吃粥渣。

天寒地冻妈怕儿受冷，
妈穿单衣让棉袄给儿披上。
夜里儿尿床，
左边湿了换到右边身旁，
左右两边都湿了，
抱儿躺到胸口上，
儿能安眠入睡了，
妈却彻底受冻难入梦乡。

妈的恩情深似海哟，
妈的恩情重如山；
如今孩儿困在黑洞里，
母恩何日方能报答完？

爸爸哟爸爸，
你卖柴换米可回到家？
崎岖山道你慢行哟，
遇到虎狼你别怕。

从小你把我鼓励，
教我做个敢打敢杀的武打家，
你翻山越岭选好材咧，
造把弓箭给我挂。

爸爸的期望孩儿铭刻在脑里，
爸爸的重托孩儿牢记心坎下；
如今孩儿被困黑洞中，

父恩何日能报答？

木瓜抱娘颈，
孩儿连母心。
我要回去看爹妈，
我要回去看乡亲，
我要回去跟兄弟姐妹玩游戏，
我要回去和花狗逗乐亲一亲。
我要挣脱人熊婆的魔掌，
我要逃出黑洞寻光明！

小莫一心急如焚寻洞口，
“咚”的一声额头撞到石壁上，
一个血泡鸡蛋大哟，
额头疼痛欲断肠！

莫一急忙往后退，
“咚”的一声后脑勺撞到石壁上，
又一个血泡像鸡蛋哟，
双手抱头心发慌！
莫一心慌不敢走，
双脚发软忙坐下；
不料坐在一堆软绵绵的“怪物”上，
两手瞎摸把“怪物”抓。

双手又往四周摸，
突然碰着两块怪石头，
两块怪石像把刀，

刀背厚厚刀口薄。

他把怪石来对敲，
怪石飞闪万点星；
点点星火燃松块，
松明熊熊看得清——

这堆软绵绵的“怪物”哟，
原是人熊婆的千兽被：
她用百鸟的绒毛来铺垫，
她用千兽的软皮铺成堆。
雪夜钻入绒被里，
千兽被里汗珠飞。

人熊婆床前有块大石板，
横七竖八摆着一堆堆骨头：
有牛骨马骨还有人骨，
又腥又臭让人发呕！

石板上有两口大石缸，
缸缸装满物：
一缸泡着人眼球，
一缸泡着人肉！

大人眼小孩眼，
只只眼睛不瞑目；
只只眼睛望莫一：
“帮我申冤报大仇！”

莫一心潮滚滚，
莫一泪珠滴滴，
心中直敲鼓，
浑身起鸡皮，
牙齿咬欲碎，
拳头渗汗珠：
“人熊婆，我要挖你的心，
我要扒你的皮，
我要戳你的眼，
我要把你剁成肉酱喂大鱼！”

莫一话音未落，
洞口“咚”的一声巨响，
人熊婆扔下猎物回山洞，
小莫一手脚打抖心发慌。

人熊婆伪装慈善：
“儿啊，你醒过来太好了，
饿了渴了就吃喝，
阿妈都给你拿来了！”

她拿来牛肉人肉，
毛茸茸哟血淋淋；
莫一小头摇如拨浪鼓，
捂着鼻子不出声。

她躺在床上细思量：

“这小子不吃不喝想爹娘，
我要把你紧紧拴在洞，
让你插翅难飞翔！”

人熊婆拿来一口石针，
趁着莫一打鼻鼾，
在他耳垂下穿个洞，
一根长藤把耳穿，
长藤一端拴在巨石上，
让你永世不能回壮山。

莫一又饿又累昏沉沉，
躺下石床入梦中：
梦见妈妈忙煮粥，
梦见爸爸挑柴过山冲。

莫一夜半睡醒来，
忽觉耳垂阵阵痛，
伸手一摸黏糊糊哟，
一股腥臭怪味钻鼻孔！

莫一手摸长藤心潮翻滚：
“吃人不吐骨的老妖婆，
总有一天我把你剁碎，
将你的碎肉撒下大河！”

莫一冷静细思量：
“硬拼不是好主张，

软藤捆石捆得紧，
智斗方能胜虎狼。”

人熊婆醒后懒洋洋，
东滚西翻恋石床；
小莫一摸着乱发忙开口：
“阿妈呀，请把石梳给我来梳妆！”

“这把石梳不寻常，
光光滑滑三尺长，
九冬九春伴娘过，
用后快快还给娘！”

“娘啊，请你放宽心，
孩儿不是粗心人；
娘有情来儿有意，
儿伴娘老度百春！”

人熊婆心甜好似吃冬蜜，
摸着莫一笑眯眯：
“乖儿洞中放心耍，
不愁穿来不愁吃。
一切由妈来安排，
日子甜甜赛蜂蜜！”

莫一接过大石梳，
手梳乱发忙不停，
石梳刚碰到伤口，

伤口痛如箭穿心。
紧紧咬牙忍着痛，
泪水滴滴湿衣襟。

莫一装笑把头梳，
良谋大计藏在心：
“阿妈呀，乱发生满小虱子，
越梳越痒头虱落满身，
洞中漆黑看不见，
让儿到洞口把它清！”

人熊婆左思右想不言语，
过了好久才开腔：
“梳发何处不可梳？
为何一定到洞旁？
莫不是你心中生诡计？
小心把你打成肉酱！”

莫一含笑哀哀求：
“头虱咬我太难受，
让儿到洞口去梳理，
灭清头虱就回头，
阿妈呀，请你放心睡，
十二条牛绳拉儿也不走！”

人熊婆终于点点头，
莫一左拐右弯到洞口；
洞口好似一口大枯井，

洞深九丈九。
洞口宽若水缸大，
一条手臂粗的长藤挂洞口，
有这长藤软梯子，
上洞下洞不发愁。

莫一刚抓藤梯往洞口爬，
不料她把长藤拉：
“快把石梳还给我，
我要洗头梳长发！”

她把长藤往回拉，
莫一鼻尖冒汗眼发花，
泪珠滴滴落洞底，
垂头含泪往回爬……

莫一良计遭破灭，
度日如年洞中呆，
暗无天日也忍受，
茹毛饮血也得挨。

不吃肚又饿咧，
吃了又恶心，
猪胆泡进黄连水，
苦上加苦泪淋淋。

没有花开花谢，
没有日落日出。

不知洞中过了多少日夜，
也不知洞外过了多少春秋。

耳垂下的长藤换了六次，
洞口的梯藤换了六回；
莫一妈的香炉灰换了六次，
莫一妈的泪水塘戽干了六回，
壮山的山塘干了六次，
壮山的山花谢了六回；
莫一失踪满六载哟，
壮家人的泪珠涨满了六条溪水！

莫一在熊洞里熬过二千一百九十个日夜，
他在熊洞中度过漫长的六个秋冬；
一个英俊潇洒的少年哟，
变成一个人熊儿浑身毛茸茸！

他怎能久呆洞里？
他要飞出黑牢笼！
他要回到爹妈身旁，
他要回到壮山中！

两千多个日日夜夜过去了，
人熊婆的野性再没那么可怕——
她那黑亮的长毛枯萎成紫色，
她那丰盈的长奶变成一对水瓜渣，
她那雪白的獠牙变黄变黑掉三颗，
走路低头脚跟拖地眼发花，

三头两天又发病，
双目失神满脸皱巴巴。

莫一常守病榻前，
送水送肉到嘴边；
她深信莫一是孝子，
从此管教不再严。

莫一摸着她额头：
“阿妈头热心躁发高烧，
儿出洞去摘把果，
让妈吃了火气消！”

人熊婆闭目开了口：
“妈是火气上了头，
我儿快去快回洞，
妈病愈了不忧愁！”

莫一乐得合不拢口，
右手抓起一块大石头，
耳下长藤砸断了，
手攀藤梯出洞口。

关了六年的麒麟冲出洞，
关了六载的凤凰飞出笼；
麒麟出洞归壮寨，
凤凰出笼翱长空！

第三章　戏弄富人

麒麟回到壮寨，
莫一回到壮山。
山下的红水河涌红浪，
映红两岸大青山；
河畔山旁木棉树，
红灯高举万山亮；
长空雄鹰展双翅，
白云青云把路让！

老父扶着拐杖迎儿归山寨，
老母挥着热泪接儿回壮乡；
父因寻儿落崖左脚跛，
母为念儿洒泪双眼盲，
如今乖儿从天降，
口含蜜糖甜心肠！

猪胆黄连苦中苦，
雪上加霜寒上寒；
砍柴换米度日难哟，
父今脚伤难上难；
生活重担谁挑起？
为儿挺胸来承担！

莫一戴帽出茅棚，
来到莫寨富人冲，
迈进莫家富人院，
富人恶狗叫得凶。

恶狗恶狗你莫凶，
我缺粮米来打工；
一日给我半筒米，
不怕恶狗恶人凶。

富人卜肥捧大肚，
对着莫一把话传：
“你会养牛会养马？
还是会养一群羊？”

“养牛养马我都会，
还会养狗养群羊。
一日能得半筒米，
洒尽热汗心也甘。”

卜肥带他到羊圈，
叫他脱帽挂栏边；
羊群见他吓破胆，
东冲西撞叫“咩咩”。

卜肥带他到狗房，
一群狼狗叫“汪汪”；

狗叫莫一心不惊，
一心为了讨米粮。

“你一身茸毛像豺狼，
我家狼狗也惊慌；
你能帮我驯狼狗，
一月给你一担粮！”

“人熊妖婆我不怕，
还怕你家几条狗？
只要手中拿到米，
虎豹豺狼我敢斗！”

卜肥挥手叫家丁，
快把狼狗都放行；
莫一举棍把狗打，
狼狗狂叫声连声。

卜肥举起长竹鞭，
抽打莫一泪涟涟，
莫一挥泪门外跑，
恶狗追到他身边。

狗王把他右腿咬，
连皮带肉都咬穿，
殷红的鲜血流不断哟，
一条血路到寨旁，
血路连到茅棚里，

爹娘心碎肠断泪流干！

莫一伤口还渗血，
滴滴鲜血染红床，
彻夜呻吟声不断，
声声牵动爹和娘，
声声血哟声声泪，
爹娘心碎断肝肠！

岽深深，夜茫茫，
为儿寻药出山庄，
老妈双眼早哭瞎咧，
仙丹妙药在何方？
崎岖山道怎行走哟，
全靠手中竹拐杖，
拐杖好似长双眼，
跌跌撞撞摸到万药山，
手扯鼻嗅选好药，
选好草药赶回庄。

阿爹连夜嚼草药，
精咀细嚼给儿敷；
伤口清凉血止流，
儿闭双眼打呼噜。

红日照壮山，
百鸟在欢唱，
莫一双眼望爹娘哟，

心情激荡泪双行：
“爹妈年迈身体弱，
怎能彻夜守病床？
儿的伤口愈合了，
打工换米养爹娘！”

阿妈紧握儿双手，
老眼热泪纵横流：
“妈的心肝小宝贝，
安心养伤不出屋，
莫愁家中无米煮，
左邻右舍都帮助。
三公送来一袋玉米，
二婶送来半筐山薯，
大叔送来小米几十串，
小叔送来一箩谷……
野菜稀饭度岁月，
儿在身边妈知足！”

莫一皮肉伤口虽治好，
心里伤口难愈合：
“为何富人家中酒肉臭？
为何穷人难找米下锅？”

小莫一深知世道不公平，
小莫一深知富人嫌他穷，
小莫一深知富人嫌他丑，
嫌他浑身毛茸茸。

要想打工来换米，
先得脱毛换新容。

莫一养伤累得慌，
昨晚天黑就上床，
一躺下床双眼闭，
“呼噜——呼噜——”入梦乡——

梦见仙翁从天降，
来到茅屋问暖寒：
“你别流泪莫悲伤，
你身上茸毛能脱光，
明日你到云山去，
有棵松树在崖旁，
松树顶上爬满寄生藤，
寄生藤药味甘苦色鲜黄，
取来一把熬药水，
药水洗身便卧床，
床下生盆木炭火，
三日三夜不下床，
三层厚被蒙头盖，
大汗淋漓毛脱光！”

一阵旋风出茅棚，
仙翁飘去无影踪；
莫一告诉亲爹娘，
两位老人喜心中！

老爹送儿一把砍柴刀，
老妈送儿一只竹背篓；
莫一匆匆上山路，
中午来到云山头。
云山悬崖高万丈，
乳白浮云飘悠悠，
山鹰翱翔在头顶，
云雀脚下闹啁啾，
猿猴在崖边嬉戏，
松涛在耳际狂吼。
山头松树千万棵哟，
寄生藤长在哪一蔸？

此时飞来一只长尾鸟，
叽叽喳喳叫不停，
边叫边飞西边去，
莫一跟着西边行，
西边崖畔石缝里，
有棵松树绿莹莹，
黄鲜鲜的寄生藤，
松树顶上一层层。

莫一看到寄生藤，
面对崖畔喜在心；
伸出小手抓不到，
长杆来钩也不行，
急中生智举砍刀，
砍来长藤拴在身，

一头拴在崖顶大树上，
沿着崖畔扯住寄生藤，
扯来药藤一大把，
匆匆下山回家门。

爹妈看到孩儿归，
涌着热泪喜心扉，
忙将草药锅里煮，
煮成一锅浓浓的黑药水，
让儿从头到脚洗个澡，
躺在竹床等盖被，
三床破被叔伯送，
莫一盖被热泪垂。
床底摆着一盆红炭火，
三天三夜蒙头睡，
好像蒸笼蒸糯饭，
热气腾腾汗水飞。

三天三夜难关过，
惊天动地喜讯传——
莫一浑身茸毛全脱掉，
人熊儿变成大美男！
从此壮山山更美，
从此壮水水更欢，
从此壮山人更乐，
从此壮乡歌满山！

莫一是个美少年，

脸似苹果圆又圆，
双眼好似天星样，
抬头照亮九重山。

莫一出门去打工，
匆匆来到富人冲，
傍晚来到莫家寨，
卜肥家里乐融融。

卜肥今日祝大寿，
欢声笑语满山冲；
莫一来到大院里，
开口直说来打工。

卜肥见了美少年，
不再记起小人熊；
满口答应把牛养，
明日清晨就上工，
一日给你半筒米，
今日先给你三筒。

炊烟袅袅，
晨雾茫茫，
“梆——梆梆——”的牛梆声，
在山间震荡回响。
莫一背着一顶破草帽，
赶着牛群出山庄。

达巧勒猫听到牛梆声，
赶着牛群出村旁，
一同来到龙潭岸，
一帮牧童喜洋洋。

龙潭下面水汪汪，
龙潭附近是牧场；
牧场又宽又平草又嫩，
绿油油的牧草好似韭菜一样。

牛群低头吃草像过节，
互相追逐嬉戏撒欢；
一群衣衫褴褛的牧牛娃，
抬着莫一游牧场。

莫一今年刚刚九岁半，
眼珠像龙眼核又黑又亮，
红红圆脸似苹果，
一对酒窝嵌嘴旁。

伙伴们玩累玩饿了，
莫一叫大伙坐下细商量：
宰他富人卜肥一头黄牛仔，
一来出口气二来把肉尝。

又是烤来又是煮，
牛肉牛肠都吃光；
只剩一条牛尾巴，

把它插在石洞上。

一面派人禀报卜肥牛落洞，
一面叫小伙伴号哭在山旁，
莫一在洞下拉牛尾，
一场假戏要真唱。

卜肥打手来了一大帮，
山头牧童哭得更悲伤；
卜肥顿足大声骂：
“是来救牛还是给你们家送葬?”

卜肥帮凶都动手，
齐把牛尾拉一场；
莫一在洞下绑紧牛尾巴，
洞上死拉也拉不上。

洞上拉一拉，
洞下叫声长，
“哞——哞——”叫声传洞外，
气得卜肥心肺翻。

洞上拼命拉，
洞下松了绑，
“哗啦”一声牛尾断，
卜肥打手滚下山！

卜肥左手折断了，

几个打手脚也伤，
个个鼻青脸肿头出血，
人人哭丧老脸叫爹娘！

牧童捂鼻偷偷笑，
山头猿猴也鼓掌；
松涛声声齐怒吼，
以牙还牙理应当！

第四章　鸳鸯成对

山花开了九次，
山花谢了九回；
莫一逃出熊洞满九载，
年届十八多俊美！

他那红扑扑的圆脸，
他那黑亮亮的剑眉，
他那乌溜溜转的大眼睛，
姑娘见了七魂九魄收不回！

他肚里藏有好山歌，
手卷木叶山头吹，
木叶声声传情意，
锦鸡凤凰满山飞。

木叶声声传到对面岭，
惊动对面锄地一美人；
锄伤脚趾不觉痛，
放下锄柄听歌声。

锄地美人叫达巧，
她从小就是孤苦人，

只因父母死得早，
鸡仔跌落苦水坑。

达巧小小绣花卖，
达巧小小把地耕，
苦笋苦苦长成竹，
达巧苦苦长成人。

黄连水里一株草，
苦到叶来苦到根，
秆也苦来芽也苦，
苦命苦草也能生。

达巧长大更伶俐，
嘴像金花脸似银，
眼睛好比天星亮，
抬头望山山也明。

小小画眉会飞唱，
小小黄莺会飞鸣，
达巧从小会唱歌，
枯木听了也变青。

莫一遥望对面岭，
对面姑娘竖耳听，
莫一歌声更动人，
牵动达巧一颗心——
阿妹绣花香喷喷，

蜜蜂千里飞来寻；
阿妹绣龙凌空舞，
满天彩云落纷纷。
阿妹唱歌百鸟应，
锦鸡画眉飞来听；
白日听见妹歌唱，
夜晚睡梦笑出声！

达巧听歌心痴迷，
不唱歌来心难忍，
打开歌喉把歌唱，
画眉黄莺也合鸣——
画眉鹧鸪共山林，
哥爱唱歌妹爱听，
如今听到木叶响，
妹也唱歌来配音。
初学唱，
嫩雀出窝初学飞，
飞上树枝望树尾，
树尾摇摇不敢飞。

莫一木叶吹更响，
鼓动达巧放心唱——
放心唱呀妹，
黄莺画眉共座山，
我俩都是同林鸟，
日同啼来夜同唱。

妹孤凄来哥孤凄，
唱起苦歌泪滴滴，
石板滴成泪水洞，
石洞滴成泪水溪。

莫一歌声刚落音，
达巧歌声飞出山——
哥孤单来妹孤单，
哥诉苦来妹诉寒，
嘴巴吐出黄连水，
木叶飞出泪水泉。
哥讲哥苦妹更苦，
哥讲哥难妹更难，
哥苦还有茅棚住，
妹苦住在黄连山！

妹唱苦歌动心肝，
哥唱情歌震群山——
上村下寨算哥苦，
百岽千山算哥难。

补件烂衣三斤重，
大旱三年晒不干，
砍柴换米难上难，
一筒碎米分九餐，
罐子煲来调羹舀，
何曾得饱哪一餐？

达巧听了血泪歌，
点点滴滴记心头——
苦忧忧，
三天无米下锅头，
老鼠进灶去生仔，
蜘蛛结网满锅头。
苦忧忧，
上无靠来下无钩，
妹想跳河归地府，
不知阎王收不收？

妹莫忧，
黑夜长长有尽头，
东去春来桃花放，
满江春水向东流。

妹莫愁，
枯树逢春绿油油；
苦藤爱缠苦根树，
生生死死缠到头！

妹莫慌，
没有住房住庙堂，
三块石头架个灶，
三两碎米过一餐。

妹莫惊，
连情就要有真心，

真情真意连到老，
江河断水不断情！

莫一表达真情意，
达巧嘴甜心更甜——
哥有缘来妹有意，
上水遇着下水船，
正想穿针遇着线，
挖塘种藕遇着莲（连），
哥有心来妹有心，
天断日头不断情，
江水断流情不断，
双刀架颈不变心！

莫一达巧动真情，
同声合唱乐悠悠——
生不丢来死不丢，
除非白马变黄牛，
除非扁担生叶子，
冷饭发芽也不丢！
鱼死鱼骨在龙潭，
鸟死鸟骨在山头，
藤死树生攀到老，
藤生树死缠到头！
除非公牛会生仔，
公牛生仔也不丢！

火烧茵芒灰自飞，

真心连情不用媒，
不用牛羊不用酒，
莫一达巧牵手回。
彩凤落在梧桐树，
树不枯萎凤不飞，
莫一达巧真心意，
糯米蒸糕做一堆。
达巧莫一结成对，
鸳鸯同宿又同飞，
出工惊醒林中鸟，
收工背得月亮回。

无网无罾难打鱼，
无牛无马难拉犁，
达巧扶犁莫一拉，
一步一步往前移。
拉犁拉成虾公背，
拉犁拉脱九层皮；
抬头怕见犁耙走，
低头难忍泪水滴。
拉犁拉到日落西，
山山岭岭鹧鸪啼，
鹧鸪声声叫归去，
莫一累倒泪滴滴！

火烧树林惊动岭，
风吹雨打惊动云，
莫一昏倒在山地，

惊动天上太白星，
太白星变一老人，
头发胡须白银银，
扶起莫一和达巧，
莫一昏死又复生！

老人捏着一团泥，
又是捏来又是抓，
捏成一头小牛仔，
送给莫一拉犁耙。
夫妻接牛不说话，
泪水像雨落唰唰，
见牛为何还落泪？
泥牛怎能拉犁耙？

老人一笑摸泥牛，
泥牛双眼转溜溜，
低头吃草又甩尾，
抬头嚼草又点头。

夫妻见牛不忍看，
心像酸醋泡黄连，
小牛好像老鼠仔，
老鼠怎能犁耙田？

老人对牛又一笑，
泥牛长得大又高，
泥牛一对铁钩角，

泥牛一身黄金毛。

老人又对泥牛笑，
牛叫“哞哞”树枝摇，
蹄刮山坡来撒尿，
山坡变成流水槽。

莫一达巧看见牛，
心欢笑出热泪流，
笑脸变成花两朵，
喜泪变成四条沟。
夫妻感激说不尽，
正想跪拜谢老人，
忽然老人飘飘去，
两人朝天拜彩云。

第五章　水贵如油

没有一丝浮云，
万里晴空，
烈日似火，
遍野热焰流红。

大地草木枯萎，
高山石头冒烟，
大江小河都断流，
大塘小沟底朝天。

泥鳅、蚂蟥晒死了，
青蛙、螃蟹也晒干；
母鸡带仔走河底，
鸡叮鱼虾当午餐。

山鸟吱吱阴处躲，
喉干舌燥不愿啼，
树上猿猴滴红泪，
只只猿猴把头低。

九十九天没下雨，
田裂如龟背，

禾苗枯萎能点火，
农夫田头直洒泪！

百年罕见大旱天，
滴滴清水贵如油，
半瓢浊水四样用：
洗米洗菜洗脸喂猪牛。

挑水扁担颤悠悠，
披星戴月爬山头，
挑担清水走百里哟，
铁打扁担也弯钩！

鸡啼头遍爬起床，
达巧梳头蒸糯饭；
莫一高举火把来领路，
挑水队伍出山庄，
黎明方到龙口洞，
拉着衣角洞里钻，
沿着石级往下走，
九十九级才走完，
九十九级到洞底，
排队接水比登天难；
龙口虽宽水滴少，
接水半天桶未满，
泉水滴少泪滴多，
等水眼花心中烦……

白发银须三伯爷，
排在队伍最前列，
蹲在龙口望滴水，
滴滴清水竹筒接，
等了半天竹筒满，
背水挥手来告别。
弯腰喘气爬上洞，
爬上九级歇一歇，
爬了半天双脚软，
连人带筒往下跌，
竹筒“扑通——扑通——”滚下洞，
哭声哀哀心肺裂！

三伯爷脸伤破块皮，
鲜血滴滴染红衣，
银白长须染红了，
串串老泪往下滴。

莫一飞步跨过去，
双手忙把老人扶，
忙用衣袖帮擦汗，
忙用衣襟抹血污。
跑到山边采草药，
嚼碎草药帮他敷，
敷好草药止了血，
伯爷心头暖乎乎。

扶着伯爷来安慰：

“您在洞旁歇一歇；
我用竹筒再接水，
满筒清水送伯爷！”

一筒泉水清又清，
清清泉水表真情，
清清泉水送伯爷，
爷孙二人共条心。

莫一扶爷上洞口，
伯爷感激动到心：
“你是爷爷好孙子，
你是壮家领头人！”

夕阳西斜，
晚霞满天，
山山岭岭镀金色，
人群担水上山巅，
扯把彩霞擦把汗，
众人歇息在山边……

独耳老猴带小猴，
三三五五下山头，
猴群看到桶中水，
大猴小猴口水流，
跳上水桶抢水饮，
口口清水润心头！

众人太累睡得沉，
“呼噜——呼噜——”声连声；
莫一醒来心惊跳，
抓起石头砸猴群。

此时又来大黄猄，
三三五五一大群，
一只霸占一桶水，
百桶清水不够饮。

火烧眉毛莫一惊，
急忙推醒众乡亲：
举扁担呀，
抓石块呀，
砸猴群呀，
打黄猄呀，
有的扯断猴尾巴，
有的打瞎猴眼睛，
黄猄大腿也砍伤，
赶不走黄猄和猴群。

猎人三叔刚赶到，
莫一接过火药枪，
对准黄猄忙开火，
黄猄猴群逃四方。
一只黄猄倒在地，
众人拍手喜若狂！

莫一肩扛黄猄回山庄，
全寨老少喜洋洋，
姑娘跳着扁担舞，
小伙子唱着“勒脚欢”①。
莫一老父咧嘴笑：
“拜神求雨有希望，
黄猄算是大头牲，
可以代替猪和羊，
再找鸡鱼两头牲，
就可求神拜庙堂。”

莫一见父喜若狂，
他半喜半愁站一旁：
“拜神求雨众人事，
还得与众共商量。”

“百年不遇大旱天，
人人心焦似火煎，
拜神求雨早盘算，
只因三牲不周全，
香纸蜡烛家家备，
碗碗碟碟你妈捐。”

莫一老妈热心人，
双目虽盲心里明，

①：“勒脚欢”是壮族民歌的一种形式，每首十二句，分三节，每节四句。第一节的一、二句是第二节的三、四句，第一节的三、四句是第三节的三、四句。有腰韵和脚韵。

历来热心公益事，
众人办事她热心，
如今她在厨房里，
洗碗抹碟好殷勤，
手洗碗碟口中念，
字字句句念出声：
“天灵灵，地灵灵，
求神保护庄稼人，
久旱田裂禾枯萎，
全寨老少无笑声，
求拜老天降喜雨，
保佑壮家得安宁！”

一只锦鸡渴得慌，
它从狗洞钻厨房，
看到锅里有清水，
跳上锅边汲水忙。

十个盲人九个耳朵灵，
山鸡钻洞她听得清：
“大旱年头鸡死尽，
为何还有这声音？”
她灵机一动把狗洞堵，
提高嗓门唤来人。

莫一闻声进厨房，
看见锦鸡锅边站，
低头亡命来汲水，

不知来人到身旁，
莫一悄悄扑过去，
捉到锦鸡喜洋洋！

达巧担柴入茅棚，
手中提串干泥鳅；
莫一老父迎上去，
接来泥鳅举过头！

莫一把锦鸡交老父，
老父欢笑昂着头：
“如今三牲齐备了，
明日进庙把雨求！”

第六章　老父遭害

群山沉睡，
旷野无声，
黑夜茫茫无边际，
达巧摸黑忙翻身。

达巧生火做饭，
莫一动手相帮，
灶里火焰熊熊，
夫妻笑脸闪红光。

玉米粥，
荞麦饭，
泥鳅焖黄豆，
满屋喷喷香。

竹壳包着荞麦饭，
葫芦盛满玉米粥，
莫一领队上山坳，
选割长藤砍大树。

砍树造戽斗，
割藤编长绳；

戽干龙潭水，
枯禾要复生！

爬过九十九座高山，
爬过九十九座大岭，
山山岭岭树枯死，
岭岭山山藤没生。
枯藤缠枯树，
枯树缠枯藤，
生生死死永相缠，
死死生生永不分！
莫一伸手指枯树，
达巧点头咬牙根！

莫一领众砍大树，
刀斧砍树声连声；
达巧带头把藤割，
姑娘巧手编藤绳……

黄猄、锦鸡、泥鳅摆神台，
莫一父领众来求雨：
双膝跪石板，
众人额头贴地泥。

石板跪成洞哟，
膝盖跪脱皮，
众人心里在默念，
苦求神灵降喜雨！

神台下面钻出一妇人，
妖妖冶冶像幽灵：
一把黑发拖到地，
一身黑衣扫山泥，
一双鼠眼溜溜转，
配着一对卧蚕眉，
虽有一副鹅蛋脸，
心藏毒计人不知，
她是壮山老巫婆，
当面人称“美人鱼”，
背后骂她“美人蛇”，
弄鬼作怪把人迷。

她重拍神台惊众人：
“为何背我来拜神？
为何背我来求雨？
为何不把我当神灵？
我通龙王通玉帝，
背我求雨决不行！
如果你们求我办，
台上供品对半分，
外加十两白银子，
拜神求雨我包成！”

莫一老父挥右手：
“拜神求雨众人心，
你分供品要银子，

试问众人应不应?”

众人拍胸齐怒吼:
“要分供品万不能!
要金要银找大官去,
我们齐心来拜神!”

老妖婆悄悄溜走了,
不知藏在哪座山林;
她咬牙切齿声声骂:
“定要整死众刁民!”

莫一老父又挥手,
众人齐心来拜神:
欢跳扁担舞,
吹响木叶声,
敲着大皮鼓,
铁炮声连声,
震动了天地,
震动了山神!

残阳如血,
染红西天;
一群归巢乌鸦,
叫声嘶哑悲怜!
摇着疲惫的双翅,
落在枯树林边……

“嘚嘚嘚”的马蹄声，
自远而近传来，
尘土飞扬遮天蔽日，
惊动山山寨寨！

“轰隆，轰隆”的铁炮声，
“嘭嘭，嘭嘭”的蜂鼓声，
“嘀嗒，嘀嗒”的扁担声，
“咚锵，咚锵”的锣鼓声，
连成一片，
山谷回响，
震耳欲聋，
摇撼群山。

飞马村头，
古庙门前，
人声鼎沸，
惊地动天！

皇朝兵勇误认蛮民造反，
吓得胆战心惊；
争相勒马回头，
谁也不敢向前行。

林中钻出一妇人，
妖妖冶冶像幽灵，
拖着一条长辫子，
扭着蜂腰往前行：

"盼星星盼月亮，
终于盼来自己人！"

胡赖扬起鞭：
"你是什么人？
村里为何炮声响？
村里为何聚满人？
莫不是蛮民要造反？
莫不是要违抗我皇军？"

"美人鱼"快步来靠拢，
频送秋波笑脸迎：
"长官别误会，
长官别心惊，
村民来求雨，
村民来拜神。"

胡赖醒过来，
挥鞭骂众兵：
"你们都是鼠眼兔子胆，
让蛮民吓得胆战心惊。
人家跺一脚，
你们认为天地崩；
人家打喷嚏，
你们认为大雨来临；
快给我冲杀进壮寨！
谁敢怠慢小心我刀下无情！"

一队杀气腾腾的兵勇，
冲入拜神求雨的人群，
有人被闯倒，
有人遭打血淋淋，
好似蜂群乱了巢，
喊爹叫娘声连声！

胡赖挥舞长皮鞭，
威风凛凛多张狂：
“海里龙王还给我皇朝献珠宝，
山上虎豹还给我皇朝送猪羊，
你们蛮民吃了豹子胆，
竟敢抗税抗皇粮？
你们想死或想活？
谁敢违抗见阎王！”

莫一父头顶点得火，
脸红好似火烧山：
“你们吃鸡还嫌肉不细，
怎知山民天旱闹饥荒？
你们睁开狗眼看一看，
块块禾苗都死光！
我们家无隔夜米老鼠也饿死，
哪来谷米缴皇粮？”

胡赖气红双眼，
高举砍刀闪寒光：
“你们说天旱无收成，

为何山珍海味摆满桌上？
你们说家无隔夜米，
为何庆丰收载歌载舞喜洋洋？
今日若不缴粮税，
要你们血流成河泪流干！”

莫一父拍胸膛，
怒目咬牙气难消：
“要粮半颗也没有，
要命有一条！”

众人怒目齐声吼，
头顶冒火气不消：
“要粮半颗也没有，
要命有一条！”

众人怒吼震天地，
众人怒吼震狗兵，
胡赖直指莫一父：
“要抓蛮民领头人！
抓他丢下蟒蛇洞，
让他九死无一生！”

兵勇冲杀入人群，
舞刀挥剑砍良民；
山民怒吼齐奋起！
锄头扁担打狗兵！
打得狗兵头落地，
打得狗兵血淋淋，

打得狗兵尸遍野，
杀声阵阵天地惊！

山民手中武器差，
最终难胜皇朝兵，
莫一老父遭残害，
五花大绑血淋淋。
脚下吊块大青石，
石块沉沉五百斤！
莫一老父气炸肺，
莫一老父气碎心，
莫一老父鼓足气，
口口鲜血喷狗兵！

胡赖狗脸黑沉沉，
挥手下令拖走人，
把他拖到黑蟒洞，
“哗啦”一声洞下扔！

啊！蟒洞冲起一柱血哟，
红红鲜血喷满天，
西边夕阳落红泪，
山头石板冒火烟！

满天乌鸦张尖嘴，
围叮狗兵在山边；
千只八哥伸利爪，
抓破胡赖狗嘴脸！

第七章　吞下宝珠

夕阳映西坳，
西山山背黄，
莫一领着众兄弟，
肩扛山藤把家还。

忽闻晴空惊雷炸，
心中喜又慌，
降雨枯苗虽得救，
晴天霹雳不寻常。

疾步如飞爬上猴王坳，
看见人头攒动在洞旁，
撕心裂肺哭声惨，
哭声哀哀震山冈。

三步并做两步走，
莫一飞跑下山冈，
眨眼飞到蟒蛇洞，
拨开众人问端详：
“究竟发生什么事？
为何哀哀哭断肠？”

盲眼老母滚地哭，
血泪声声真凄凉，
莫一双手把母抱，
泪如雨下湿衣裳：
“发生什么意外事？
我爸如今在何方？”

老母身抖音打战，
右手直指蟒洞旁：
“吃人的豺狼把人害，
将你老父……扔下深洞永不还！”

五雷轰顶刀断肠哟，
莫一双膝跪洞旁：
“阿爸哟阿爸，
您今在何方？”

莫一低头望深洞哟，
洞里黑黑像染缸；
莫一抬头望蓝天哟，
蓝天低头矮万丈；
莫一垂头望大地哟，
大地裂开万里长；
莫一举头望山林哟，
枯叶纷纷落满山；
莫一转眼望悬崖哟，
银白崖壁变紫黄；
莫一挥手唤山风哟，

风卷落叶满山冈；
莫一抬手叫山鸟哟，
百鸟垂头守孝在洞旁！

莫一挂泪望长空，
莫一挥泪跪地上，
莫一捶胸号啕哭哟，
膝下积成泪水塘，
膝下积成泪水河，
泪水泡湿蟒洞旁，
泪水泡满黑蟒洞哟，
泪水溢出洞口冲上山，
泪水山巅跳下崖咧，
万丈瀑布挂崖上！

黑蟒洞里泪汪汪哟水汪汪，
深洞变成大龙潭；
莫一双眼滴血泪哟，
万把利刀绞断肠！
双目呆呆守洞口咧，
好似一蹲石像立洞旁！

莫一两眼凝视洞中水，
忽见洞中翻银浪，
洞里传来“泵”的一声响，
一头水牛浮到水面上：
牛眼好似大铃铛，
乌溜溜转闪绿光，

双耳大大如葵扇，
双角粗粗长又弯，
大口张开欲说话，
莫一眼亮心也宽，
对着牛头声声唤：
“爸爸哟爸爸，
你今在何方？”

莫一挥手又悲唤，
牛头沉水到远方；
水面忽现一老人，
双耳垂肩面和善。
四方大脸眯眯笑，
好像老父真面庞！
莫一寻父心急切，
“扑通”跳下大龙潭。

莫一跳下龙潭里，
潭水清清泛银光；
潭里不见牛踪影，
不知阿爸在何方：
“阿爸哟阿爸，您今在何处？
儿要与您共商量！”

莫一呼唤真灵验，
鱼虾螃蟹到身旁，
围着莫一团团转，
直直游往正前方。

只有一只大龙虾，
回头游到他身旁，
长长虾须撩着手，
龙虾小嘴闭又张。

莫一游过去，
请问大龙虾：
“龙虾啊龙虾，
问你一句话，
我爸在何处？
带我去找他！”
龙虾长须朝前指，
沉游深水不见它。

沿着龙虾方向游，
一只螃蟹游过来，
红红螃蟹面盆大，
两排长腿左右开，
眨眨突眼张开嘴，
好似有话要交代。
莫一直直游去问：
“红螃蟹呀红螃蟹，
我心中的疙瘩解不开，
不知我爸何处去，
我今迷路请你带！”
红螃蟹舞起双钳往前指，
潜入深水不回来。

沿着螃蟹方向游过去，
遇着一只大红鲤，
红鲤摆尾转三圈，
心中有话要告知，
莫一恭敬问红鲤：
“可知人间有悲剧？
我爹遭害无踪影，
请你把路指！”
红鲤昂头指前方，
长尾摇摇沉水底。

莫一沿着红鲤方向游，
水里有两颗宝珠闪绿光，
两颗宝珠嵌在牛头上，
一只水牛在前方，
两只牛耳葵扇大，
大口一张一闭反刍忙，
牛尾长长像扫帚，
忽左忽右扫身上，
这头水牛好面熟哟，
就像阿爸养的水牛一个样。

莫一双手摸牛头，
两行泪水滚滚流：
“大水牛啊大水牛，
一块大石压心头，
我爸不知何处去，
请你领我走一走！”

水牛含着两眶泪，
对着莫一点点头，
莫一双手抱牛颈，
心中苦水全倾诉，
水牛都能听得懂，
两眶泪水滚滚流，
有颗泪珠格外亮，
落在莫一额头上，
泪珠圆圆有弹性，
熠熠生辉闪绿光，
渐渐滚到鼻梁上，
莫一好奇把口张，
宝珠溜溜滚入口，
“咕噜”一声落肚肠！

宝珠吞下肚，
心中甜如糖，
口里香若葱煎蛋，
眼如宝珠闪闪亮，
手脚雪白像银子，
浑身有劲赛大象，
大树可以连根拔，
大山可以一手搬，
一步能跨九丈沟，
一跃飞过九重山！

眨眼不见大水牛：

“阿爸——阿爸在何方?”
只听洞中回音响:
“暴君奸臣要杀光!”
复仇种子埋心底,
千斤重担肩上扛!

莫一一跃出水面,
水面有根青竹三尺长,
青竹滑亮会飞动,
一飞飞到他身旁。
拾起青竹晃几下,
青竹“咴咴”嘶鸣撼山冈,
青竹“咴咴”变飞马,
莫一跨上飞马飞过万重山,
飞马飞过万重岭,
腾云驾雾回壮山!

从此壮山有飞马,
从此壮山充满吉祥,
从此壮山充满希望,
从此壮山筑起石壁石墙!

达巧盼望夫君归,
一天一夜不见回,
不知郎君何处去,
泪流干来心操碎。

清早达巧刚出门,

迎来门外脚步声；
隔壁二哥走得快，
差点撞到达巧身。

达巧开声问二哥：
“为何走得这样急？”
二哥举起手中鞋：
“谁的草鞋你可知？”

达巧见鞋心中惊，
凶多吉少心难平：
“莫一他到何处去？
为何见鞋不见人？”

二哥把鞋还达巧，
泪珠纷纷落衣襟：
“昨日他跳黑蟒洞，
要去寻找他父亲！”

晴天霹雳轰头顶，
天旋地转泪滴滴，
婆媳二人昏倒地，
天塌地陷也不知。

婆媳慢慢醒过来，
忙给莫一立灵牌，
父子灵牌并排放，
婆媳哭灵声哀哀。

早也哭来晚也哭，
又哭儿来又哭夫，
三载哭灵泪流尽，
膝下跪成泪水湖。

哀哀哭声动天地，
崖边猿猴头也低，
树上枯叶纷纷落，
山中杜鹃红泪滴……

莫一骑着飞马回山寨，
匆匆走进破茅棚，
棚里哭声撕心肺，
扶起泪人坐堂中。
望见灵牌立两座，
想前思后弄不通：
“我骑飞马回山寨，
为何灵牌挂棚中?”

达巧扑到夫怀中，
热泪滚滚湿前胸；
夫君一去满三载，
泪流干了眼哭肿，
如今亲人从天降，
转悲为喜乐心中。

莫一挽妻扶老母，

三双泪眼望泪眼：
“洞中方一日，
世上过三年！”

老父未寻到，
宝贝得两件——
飞马胯下骑，
宝珠藏心间，
能呼风唤雨，
能战地斗天，
能斩妖除暴，
壮家乐无边！

第八章 赶山造湖

旭日冉冉东升，
朝霞染红天边，
染红崇山峻岭，
染红万里田园。
林中百鸟欢唱，
晨曲婉转清甜！

莫一手持一根青竹，
大步跨出茅房，
登上高坡放眼望：
“嘿嘿！今日真是好时光！”

达巧拿来一把大伞，
大步“噔噔”出茅棚，
大伞挂在夫肩上，
千言万语都在笑眼中。

莫一走出村头，
青竹置于胯下，
轻轻拍打青竹，
青竹变成一匹高头大马。

飞马昂首嘶鸣，
飞马四蹄“嗒嗒”，
飞过千山万岭，
山山岭岭留蹄花！

莫一对着马头拍三下，
飞马落在一个高高的山崖；
飞马变回一根青竹，
他摸青竹夸飞马。

莫一屹立在山巅，
壮家的喜怒哀乐记心间；
世世代代住山旯，
苦爬高山年过年；
上山入云间哟，
下山到河边；
两山能对话咧，
会面要半天！
脚板磨掉九层皮哟，
你说可怜不可怜？

莫一屹立在山巅，
深谋大计在心间：
我要把群山全赶走，
我要把山旯变平原，
我要把山区变成湖，
我要把荒地变良田，
我要把穷山变成鱼米乡，

我要让壮家永过丰收年！
我要把壮山筑成石墙石壁，
我要让壮乡比青石还硬比白石更坚，
我要让虎豹豺狼钻不进，
我要让壮家过上太平年！

莫一飞马穿云雾，
群山上空转九圈。
受灾农夫田边哭，
莫一心里似火煎！

一群农夫聚寨口，
双眉紧锁低着头；
不如派人寻能手，
找到能手不发愁，
听说莫一力气大，
高山大岭能搬走……

飞马“咴咴”长空鸣，
莫一从天而降到山村：
㟖里洪水泡屋顶，
㟖外禾枯冒青烟。
他心急如焚跳下水，
泅水来到山脚村，
手执大伞戳水洞，
惊动龙王惊动神！
山下戳通九个洞，
洪水消退救山民。

岽里没有涝灾了，
岽外没有旱灾了，
农夫的愁眉解开了，
农夫的心花怒放了，
宰了三头大肥猪，
宰了三头大黄牛，
摆了九桌酒席，
喝了九坛米酒，
父老乡亲兄弟姐妹都醉了，
千山万岭也醉了！

莫一酒醉心明白，
他高举酒筒声音洪亮：
“我们要把群山赶走，
我们要把大湖造到壮乡，
我们要把荒坡变成良田，
我们要把壮山变成天堂！”

百只拳头捏成铁锤，
高举酒筒声音洪亮：
“我们要把群山赶走，
我们要把大湖造到壮乡，
我们要把荒坡变成良田，
我们要把壮山变成天堂！”

雄鸡声声报晓，
莫一来到山旁，

他看准一棵碗口粗的椿树，
连根拔起削成一条扁担，
一头穿通一座大山，
两座大山压在他肩上，
他大步流星朝前走，
腰不弯，气不喘，
一连挑了九十九担，
一天搬走一百九十八座大山！

众人看到莫一搬山，
个个争来相帮，
老人送茶送水，
年轻人手抬肩扛，
山鸡啼鸣来鼓励，
猿猴起舞来相帮，
大象长鼻当撬棍，
协助莫一把山搬！

手挽竹篮出家门，
篮里饭菜喷喷香，
达巧来到工地上，
夫妻双双进午餐。
她摇竹笠当葵扇，
她挥长巾帮抹汗，
看见丈夫上衣破，
穿针引线补衣裳，
线连针来针连线，
千言万语叙不完——

昨夜一梦梦得甜，
梦见阿爸对我言：
“挑山太费劲，
何不用神鞭？
挥鞭群山跑，
高山变平原，
赶山鞭难找，
藏在白云间，
白云山顶上，
青竹枝相连，
有棵四方竹，
隐在竹林边，
不怕石崖险，
登山能找见！”

夫妻双双骑飞马，
穿云破雾来到白云山，
白云山上长满竹，
丛丛青竹掀绿浪，
千竹万竹数不尽，
四方黑竹何处藏？
四处寻找都不见，
原来藏在竹坡旁。
乌黑闪亮一蔸竹，
头粗尾细是神鞭；
夫妻齐把神鞭舞，
两人心中似蜜甜。

夫妻双双骑飞马，
飞马“咴咴”在盘旋，
莫一鸟瞰细盘算，
东南西北砌围墙：
左边青山往南调，
右边群山调东方，
中间石山往西靠，
前面大山砌北墙。

高举神鞭挥三下，
群山滚滚奔向前，
群山比牛群还听话，
指向哪边奔哪边。
东西南三面围墙砌好了，
大山围墙牢万年！

莫一赶走千重岭，
莫一赶走万重山，
山区变成大平原咧，
天宽地宽人心宽。

搬山砌墙快完成，
移山造湖下苦功，
造湖引水来灌溉，
让我壮山绿葱葱！

莫一地上画圈圈，

天连地来地连天，
他抬起右脚跺几下，
天也动来地也陷，
地陷下去变成湖，
蓝幽幽的湖水拍岸边！
千条红鱼跃水面，
穷山变成鱼米乡，
山欢水笑人欢乐，
口吃蜜糖心更甜！

吹风蛇毒液藏在头，
“美人蛇”毒计藏在心，
壮山围墙快砌好，
她日日夜夜心不宁。
连夜跑到皇宫去，
一五一十诉分明。
胡赖与她设诡计：
杀狗取血把山淋。
“美人蛇”回到壮山后，
悄悄买狗一大群，
悄悄剀狗取狗血，
九桶狗血把山淋。

莫一继续挥鞭赶群山，
群山呆立没前行，
今日群山为何不听话？
疑团不解结在心。
莫一飞奔向前去，

要把缘由弄分明，
路上遇着“美人蛇”，
狗血染红她衣襟，
山边狗血淋成路，
恍然大悟心中明。
正想把她抓到手，
忽然不见她踪影。
莫一挥手指远处，
斩妖灭怪记在心：
“心藏毒计老妖婆，
准你插翅难飞行！”

第九章　九支暗箭

莫一搬山造湖，
壮乡成了鱼米乡，
处处是苗青水绿百花放，
蓝幽幽的河水绕山庄！

一条小河九曲十八弯，
潺潺流过牛轭滩，
河床铺满鹅卵石，
脚踏圆石过对岸。

旭日爬上天边，
河面铺满金光，
“美人蛇”挽着裤管过小河，
手提一只小竹篮。

她双脚踏着鹅卵石，
手执拐杖身摇晃，
“扑通”一声跌下水，
长发飘在河面上。
鸡蛋、粽子沉水底，
死命挣扎泪两行。
连滚带爬上岸去，

坐在石块看竹篮：
鸡蛋三只粽三个，
草鞋、布鞋各三双，
日夜兼程把路赶，
赶到京城心就宽。

走了九天又九夜，
看到京城红围墙，
人山人海车水马龙，
熙熙攘攘热闹非凡。

她东寻西找，
不知皇宫在何方？
忽然发现红大门，
两只石狮蹲门旁。
她好奇摸摸石狮子，
一位彪形大汉把她拦：
“你有何贵干？
为何来到这地方？”

“美人蛇”心惊胆战，
浑身哆嗦站一旁：
“我……我从南方来，
我有要事禀报皇上！”

宫廷走出一卫士，
把她带入殿堂；
殿堂里雕龙画凤，

真是金碧辉煌！

皇帝戴皇冠穿龙袍，
昂昂然端坐龙椅上；
手执长矛大刀众兵勇，
直挺挺地呆立在两旁；
“美人鱼”低头双膝跪台下，
低声下气禀报皇上：
“蛮人头领叫莫一，
他搬山造湖砌围墙，
东西南面砌好了，
只差北面一堵墙。
山鹰的翅膀算硬了，
也飞不过他的围墙。
他要跟皇上分庭抗礼，
他要领众抗税抗皇粮，
若不把他打下去，
天下会大乱！”

皇帝听了禀报后，
怒声震殿堂：
“胆敢在朕头上来动土，
教他立即见阎王！
禀报之事有虚假，
欺君之罪你承担！”

“美人蛇”跪在台下把头低：
“奴说句句是事实，

若有虚报欺君主，
愿斩九族泪不滴！”

皇帝点头龙颜喜：
“禀报民情很及时；
皇朝会给你重赏，
你先退下去歇息！”

宫女将“美人鱼”带入宫里，
住在十分华丽的卧室——
雕龙画凤大龙床，
红红绿绿大绸被，
雪白柔软真丝帐。
做梦也梦不到如此华丽，
这辈子算是盼到了头，
这究竟是梦幻还是现实？

皇帝给胡赖下圣旨：
“三日之内抓莫一，
抓到莫一有重赏，
一匹金马三条金鱼！”

胡赖接圣旨，
带领兵马下南疆。
马蹄踏矮千重岭，
马蹄踏碎万重山，
马蹄踏断千条路，
尘埃滚滚遮群山。

跑了九天又九夜，
胡赖兵勇到壮山，
东西南面砌围墙，
只有缺口在北方。

兵马就从缺口进，
直直冲进飞马山，
兵过围墙破哟，
捣得壮山乱翻翻——
见鸡就抓鸡，
见羊就捉羊，
见狗就打狗，
见猪把猪剀，
见姑娘就追，
见财宝就抢，
弄得鸡飞狗跳墙，
家家户户把门关。

胡赖带众兵，
村头寨尾寻，
柴堆草垛翻了底，
莫一无踪影。

“美人蛇”拖着长辫子，
扭着黄蜂腰，
迈着金莲步，
笑对胡赖来禀报：

“莫一在猴岽，
日夜把山挑，
挑了几百座，
围墙砌得齐天高，
要想抓到他，
主意要想好，
硬拼拼不过，
他力大个子高；
上山能擒虎，
下坡能捉豹，
入海能骑龙为马，
进林能在熊背上吹箫。
十二条牛绳不能把他捆，
猛冲蛮打没顶用，
还是智取为高！”

胡赖得情报，
与众兵商量，
选派十个人，
连夜上山冈。
来到猴岽里，
岽里夜茫茫，
不见他踪影，
不知藏何方？

岽里夜沉沉，
只见石头不见人，
只听崖边猿猴叫，

只听猫头鹰在悲鸣，
只见坟旁绿绿的“鬼火”，
只见恶虎闪着绿光的眼睛……
十个兵勇心惊胆战，
十个兵勇手脚颤抖不停，
有个新兵小老鼠，
声声呼唤老母亲！

黎明来临群山醒，
十个兵勇稍放心，
搜山搜岭找莫一，
寻来找去无踪影。

还是新兵小老鼠，
看得清来听得明：
看见两座大山会移动，
看见山下有巨人。
他挑两座大山像担草，
大步“噔噔”往前行。
他头不低来腰不弯，
挑山造湖乐在心！
此人不是平凡人，
可能莫一来现身？

十个兵勇，
十对眼睛，
个个都说是莫一，
正想上前去抓人，
老兵频频摇双手：

“急吞豆腐会烫心！”

十个兵勇眼睁睁，
手搭弓箭躲石旁，
只等莫一走过去，
支支暗箭穿胸膛。

新兵小老鼠，
胸揣小白兔，
手脚直发抖哟，
心中在敲鼓，
扔掉弓和箭，
双手抱头快快溜！

莫一挑山往前走，
岂料暗箭藏后头，
忽闻暗箭“嗖嗖”飞来到，
急急忙忙把箭收——
他忽而闪过左，
忽而闪过右，
忽而蹲下地，
忽而抬起头：
双耳夹着两支箭，
肢窝忙把双箭收，
两手握住两支箭，
脚踏两支飞箭头，
还有一支用嘴衔，
九支暗箭全收留！
九个兵勇眼见莫一那么魁梧，

九个兵勇眼见莫一那么威武，
九个兵勇眼见莫一那么武艺绝顶，
九个兵勇手脚颤抖口服心服！

九个兵勇拔腿跑，
心头怦怦跳，
双脚软如藤，
双腿老打绞！

九个兵勇死挣扎，
面如土色眼发花，
脚底好似吊石块，
双腿重重实难拔！

莫一看清兵勇这般狼狈相，
捧腹大笑震群山，
笑声朗朗震大地，
高山深谷齐回响！

兵勇听见这朗朗笑声头发麻，
兵勇听见这笑声牙齿在打架，
兵勇听见这笑声双膝在敲鼓，
个个心惊肉跳趴地下，
个个石下藏头露屁股，
个个屁股朝天晕倒在山崖！

莫一笑声更爽朗，
还给狗兵九支箭：
箭箭射中狗兵屁股眼，
让他们在壮山遗臭万年！

第十章 万众一心

黄蜂窝被烧，
蜂群乱纷纷，
见人就要蜇，
追人村过村！

吹风蛇遭打，
高抬扁头更为凶，
露出毒牙喷毒气，
追人咬人过山冲！

山猪被打伤，
显得更疯狂，
张开血口露獠牙，
追人过高山！

差官胡赖损兵勇，
恼羞成怒气往头顶冲：
“你们快快去，
把壮山围个水泄不通！
擒贼先擒王，
追捕莫一不能松！
他飞天就扯脚，

他钻地就打洞，
抓不到他就抓众男子，
统统往树下押送！”

兵勇得了令，
心慌也得行；
来到飞马村，
家家闩紧门。

不见莫一倒舒服，
乱抓山民来顶数，
全村男子抓来了，
蛮民九十九。

胡赖高举皮鞭大声吼：
“谁抓莫一谁得救；
若是不把他交出来，
你们全都被砍头！”

九十九个兄弟手挽手，
九十九个兄弟心连心，
九十九个兄弟昂着头，
九十九个兄弟挺着胸：
“你想抓莫一领重赏，
呸！饿狗想吃天鹅肉！”

胡赖咬牙露凶相，
九十九个兄弟被吊在榕树上；

鞭抽棒打皮肉绽，
鲜血淋淋染衣裳！
全村老少被抓来，
目睹惨状刀绞肠！

胡赖揪住三伯爷：
“你的孙儿在何方？
叫他快快回山寨，
我把你们都释放！”

三伯爷飘飘银须往上翘：
“我这孙儿本事高——
有时下海擒蛟龙，
有时骑马上云霄，
有时挑山去填海，
有时跷脚吹竹箫，
你想把他抓到手，
先派九个兵勇把屁股翘，
小心利箭穿透屁股眼，
屁滚尿流无处逃！”

胡赖气得脸铁青，
急忙招手唤来人：
“把他吊上树，
收他这老命！”

天上飞马“咴咴”鸣，
飞马飞落飞马村，

莫一冲到榕树下，
吓得兵勇乱纷纷。

他拍着胸脯“嘭嘭”响，
响声震撼大山林：
“要打要杀冲我来，
不许伤害无辜父老和乡亲！”

兵勇拿来九条大山藤，
把他全身上下捆，
胡赖扬鞭来审问：
“你究竟想死还想生？
你胆敢射死我九兄弟，
我要放你鲜血祭冤魂！”

朗朗笑声惊人心，
“小老鼠”被吓得脸铁青；
莫一手指小兵问：
“谁先射箭要杀人？”
“小老鼠”钻到老兵胯下躲，
心跳怦怦不出声。

“你为何搬山砌围墙？
你为何煽动蛮民抗粮税？
你真是吃了豹子胆？
分庭抗礼当何罪？”

“山民本性坚如山，

不需吃下豹子胆，
谁敢欺负我兄弟，
要他提头见阎王！”

胡赖举鞭正想打，
莫一鼓气把手挣，
九条山藤节节断，
全场兵勇乱纷纷。

胡赖飞脚踹兵勇：
“胆小如鼠真无用，
快把长链大锁拿过来，
我看他还能称霸逞英雄？”

兵勇拿来九条大铁链，
又拿来九把大锁头；
锁头锁脚又锁颈，
他有飞马也难救！

莫一鼓腮鼓肚皮，
条条青筋都突起，
“嗨呔”一声大地动，
断链烂锁落满地。

众兵张口把头摇，
胡赖咬牙不死心：
“抬来石钟把他盖，
要他永世不翻身！”

全村乡亲泪流干，
全村姐妹衣角撕成片，
全村兄弟牙齿咬碎了，
全村老少头顶都冒烟！

众兵抬来大石钟，
高大石钟千斤重，
将他盖在石钟里，
抬来千斤石板压大钟。
石板上面站着十个狗兵勇，
十个兵勇千斤重。
十个兵勇在石板上跳舞，
十个兵勇举锤打石钟，
打得石钟“嗡嗡”响，
“嗡嗡”响声震长空，
“嗡嗡”响声震老林，
林中百鸟夜不宁，
闹了九天又九夜，
鸟群纷纷落山林！

胡赖笑声传四方：
“快把石钟揭开看，
莫一早该饿死了，
莫一早该变鱼干！”

莫一扬手石钟飞，
石钟飞起九丈高，

他安然无恙坐石上，
摇头晃脑吹竹箫！
竹箫声声绕山寨，
一声更比一声高，
声声都把皇帝骂，
声声都在骂皇朝，
骂得皇帝耳朵热，
骂得胡赖心肺似火烧，
骂得兵勇心烦乱，
骂得兵营上下乱糟糟。

莫一把青竹置胯下，
骑上飞马上九霄；
飞马空中“咴咴”叫，
全村老少乐逍遥！

胡赖束手无策求莫一，
下令众兵跪山坡：
“我们吃着皇粮办公事，
日夜操劳没奈何，
求你大人抬贵手，
我们做弟你做哥，
一同走进朝廷去，
同拜皇上万事和！”

莫一将计就计点了头，
答应上京去和谈：
“有理天下能走遍，

无理怎能走四方？
我们出门带粮草，
自备铺盖和衣裳，
各人回家做准备，
三日后进京去和谈。”

莫一回到茅棚刚坐下，
达巧一头扑倒在怀中；
声泪俱下在抽泣，
双肩一上一下在抖动。
两行泪珠滚滚落，
莫一心疼双眼红，
手拿布巾帮擦泪，
梳理秀发露笑容：
“哥今回到妹身旁，
理应沉浸欢乐中。”

“天天泡在泪水里，
哪日得在欢乐中？
老爹遭害扔黑洞，
你三载寻父我心融，
泪水流干心操碎，
孤守灵堂冬过冬！
日子刚刚有甜意，
皇朝追杀不放松，
提心吊胆过日月，
泪珠当水洗面容。
夫回到家床未暖，

又要别离破茅棚，
一别不知何日见，
叫我怎能沉浸欢乐中？”

“妹莫忧，
哥的话语记心头：
此次进京有妙计，
不除奸臣誓不休！
让他们尝够辣椒水，
要伸冤屈要报仇！”

妻子心灵手巧连夜忙，
绣好头巾绣背囊；
囊中装足辣椒粉，
老虎耳、狗尾籽、小米、芋头另外装。

夜茫茫，
群山静，
茅棚透光亮，
油灯通宵明。
灯下为夫做新鞋，
鞋底密密钉九针，
布鞋一双表心意，
天长地久不断情！

胡赖灯下心烦乱，
忽见“美人鱼”悄悄到身旁；
她长辫拖在地，

她双眼闪银光，
她频频送秋波，
胡赖迷方向。
她送来大包小袋数不清，
包包袋袋摆在木桌上：
狗尾籽、黄小米，
一串五寸长，
她咬着他耳根，
低声细语把“妙计”传。

斗转星移天放亮，
差官兵勇聚寨旁；
胡赖打马回朝去，
送走瘟神出壮山！

第十一章 送行路上

牛角号声阵阵响，
声声震撼飞马山，
山头山脚披彩霞，
山民喜笑颜开聚村旁。

有的提着红蛋一篮篮，
有的提着新打草鞋一双双，
有的捧着竹壳糯饭一包包，
有的抬来米酒一坛坛。
件件礼品送亲人咧，
斗倒暴君奸臣把家还！

飞马“咴咴”昂首鸣，
驮着主人上青天；
绕着壮山飞九转，
下马回到壮村边。

莫一和达巧手挽手，
窃窃私语情绵绵，
离情别意叙不尽，
歌声娓娓泪涟涟：
“送哥送到青竹山，

手攀青竹泪汪汪，
一枝青竹千滴泪哟，
六月日头晒不干！”

“妻子送夫到竹山，
竹林青青翻绿浪，
上京定把奸臣斗，
斗倒奸臣就回还！”

妇唱夫和岭过岭，
夫唱妇随山过山，
不觉来到龙山下，
双双走近龙潭旁，
潭水清清如明镜，
歌声阵阵绕龙山：
“送哥送到大龙潭，
潭中有对好鸳鸯，
鸳鸯交颈水面睡，
阿哥何日方还乡？”

歌声阵阵动哥心，
歌声句句动肝肠，
投块石头试一试，
鸳鸯情意长不长：
“捡起石块投龙潭，
惊飞一对好鸳鸯，
鸳鸯鸳鸯你别惊，
飞去飞来又成双！”

夫妻双双并肩行，
不觉来到芭蕉岭，
芭蕉绿叶随风摆，
沙沙响声来送行，
达巧歌声飞过岭，
声声缠绕莫一心：
“送哥送到芭蕉林，
满岭芭蕉绿莹莹，
蔸蔸芭蕉结硕果，
芭蕉结果一条心！”

莫一听到动情歌，
句句声声动到心；
急忙开口把歌唱，
字字句句表真情：
“牵手来到芭蕉林，
哥妹生死共条心，
变花我俩共盆种，
变鸟我俩共山林，
变鱼我俩共游水，
变鬼我俩共坟茔，
除非竹篙长新叶，
竹篙长叶不分心！
除非红日西边起，
红日西升不断情！
除非公牛会生仔，
公牛生仔不变心！”

莫一唱出真情歌，
达巧心潮波连波，
两人相抱岭过岭，
不觉来到相思河：
“送哥送到相思河，
眼望阿哥泪水落，
愁肠寸断心肝碎，
河水流少泪流多！”

莫一扶妹上渡船，
哥摇船桨妹扶哥；
边摇船桨边歌唱，
阿哥唱来阿妹和：
“哥妹同过相思河，
河水载船船载哥，
阿哥划船渡阿妹，
哥妹同念相思河！”

哥渡阿妹过了河，
哥望妹来妹望哥，
两对笑眼望笑眼，
匆匆来到红豆坡：
“送哥送到红豆坡，
讲起分离泪成河，
破开手臂栽红豆，
入肉相思不忘哥。”

举手摘下红豆荚，
去荚取豆带回家；
红豆艳丽耀双眼，
歌声飘过万丈崖。

“满坡红豆红艳艳，
摘袋红豆挂身边，
妹拿红豆回去种，
红豆种在妹心间。”

“归就归，
妹念哥来哥念妹；
哥栽红豆在心里，
红豆发芽哥就归！”

上京队伍坡过坡，
匆匆来到红水河，
河岸两旁红棉树，
树枝摇摇会唱歌。
树上红花朵连朵，
朵朵红花映山河。

莫一夫妻赶上队，
双双来到红水河，
望着河边红棉树，
歌声飞过对面河：
“送哥送到红棉树，
生不离来死不离，

除非红棉花变白，
红花变白也不离！”

哥爬上树摘朵花，
摘朵红花在手中，
红花插在妹头上，
头也红来脸也红：
“木棉花开红彤彤，
妹戴红花脸更红，
明年春暖花开日，
红棉树下又相逢！”

夫妻挽手坡过坡，
早已渡过红水河，
双双爬上猴子坳，
山坳长满牛甘果：
“送哥过岭又过坡，
岭上结满牛甘果，
攀下树枝摘一把，
双手捧果送给哥。
牛甘果哟牛甘果，
开头苦苦后来甜，
苦时望哥思念妹，
甜时阿妹更念哥！”

莫一慢慢咀嚼牛甘果，
苦尽甘来眼更亮，
一粒山果寓深意，

歌声阵阵绕心房：
“妹送山果给哥尝，
先苦后甜记心上，
劝妹莫怕开头苦，
苦尽甘来如蜜糖！”

夫妻牵手山过山，
边爬山来边歌唱，
日头歪过西边岭，
达巧掏出五色饭：
“五色糯饭香又香，
妹用竹壳包一团，
送给阿哥随身带，
吃饱糯饭好爬山。”

夫接糯饭分两团，
哥一团来妹一团；
吃过糯饭清清嗓，
歌声飞过九重山：
“哥吃糯饭好爬山，
吃团糯饭饱九餐，
早上吃口五色饭，
半夜打嗝嘴还香！”

“一双布鞋送给夫，
夫到京城别忘妻，
线连针来针连线，
针线相牵永不离！

一双布鞋白布底，
千针万线打得密，
鞋底打成胡椒眼，
妻念夫来夫念妻！”

“一双布鞋新又新，
千针万线来缝成，
针针线线连着妹，
哥穿新鞋不忘情。
哥穿新鞋暖透心，
翻山越岭穿老林，
刀山火海哥敢闯，
不除奸臣不回程！”

“一条花巾长又长，
手捧花巾送给郎，
一头牵着妹心肺，
一头挂着哥心肠！

锄奸除暴哥坚强，
看在眼里记心上；
愿哥早日获全胜，
报仇雪恨把家还！”

“接过花巾心中欢，
三斤蜜糖下肚肠，
口甜心甜甜到肚，
梦中打嗝口还香。

一条花巾五尺长，
花巾绕在哥颈上，
花巾擦汗除邪气，
除掉奸臣回山庄！”

“路漫漫哟，
千重岭，
路漫漫哟，
万重山，
千山万岭爬不尽咧，
万里征途送不完。
劝妹早日回山寨，
赡养阿哥盲眼娘！”

夫妻分手奔前程，
夫去京城妹回村；
夫骑飞马腾空去，
穿云破雾赶路程，
赶上众人领好队，
浩浩荡荡进京城！

第十二章　智斗获胜

红日爬上东山，
彩霞映红殿堂，
雕龙画凤的宫殿，
显得更为富丽堂皇。

戴皇冠穿龙袍，
皇帝一身盛装，
一把宝剑腰间挂，
文武百官簇拥登殿堂。

胡赖奴颜婢膝，
毕恭毕敬站在公案旁，
台下左右两排兵勇，
呆立着好似木偶一般。

“哐！哐！哐哐！”
一阵锣声震响，
九十九个壮家兄弟，
被押进公堂。

皇帝向下扫视，
殿堂只有一个声音：

“你们这些南蛮之子，
真的吃下豹子胆？
丰收之年粮满库，
为何不缴粮纳赋？”

莫一微微抬头望皇帝，
镇定自若答了腔：
“吾皇在上万万岁，
恕我贱民把话讲：
百年不遇大旱灾，
缴粮纳赋实在难！
恳求皇帝开龙恩，
免我壮民一年粮！
来年等到丰收日，
加倍纳赋缴皇粮！”

九十九个壮家兄弟，
一同下跪求皇上：
“恳求皇帝开龙恩，
免我壮民一年粮！”

皇帝看到壮民愁眉苦脸，
瞟着胡赖把手扬：
“究竟怎么一回事？
你来当众叙端详！”

胡赖高举一串小米，
黄鲜鲜的小米闪金光：

"一串小米五寸长，
五谷丰登不纳粮，
有意违抗我朝廷，
斩尽杀绝理应当！"

一石激起千层浪，
众兄弟疑惑不解相呆望：
"大旱之年无收成，
哪来一串小米五寸长？"

莫一眨眨千里眼，
百里迷雾看得穿，
苍蝇飞从眼前过，
分出公母心不慌：
"皇帝在上细分辨，
不是一串小米五寸长；
原是用线来连起，
三串连成一串长，
欺君之罪该斩首，
心慈手软理不当！"

阴谋诡计遭揭穿，
胡赖心虚发了慌，
长串小米晃一晃，
急忙把它身后藏：
"明明一串小米五寸长，
为何说成是三串？
睁开你狗眼细细看，

欺君之罪你敢当?”

皇帝夺过小米串,
审着小米左右看,
亲手把它来掰开,
真是三串连成一串长:
“胡赖胡赖你真胡来,
这天大玩笑你敢开,
欺君之罪有多重?
你心中该明白!”

皇帝龙颜怒,
胡赖心发慌,
手脚直打战,
脸变土色青又黄:
“皇……皇上……请息怒,
都怪我眼盲,
那串小米路旁捡,
这串真是小米五寸长!”

皇帝接过小米串,
左看右看无破绽,
手指壮民来责问:
“丰收为何不缴粮?
分庭抗礼当何罪?
斩绝九族你敢当?”

皇帝动肝火,

众人打哆嗦，
大眼瞪小眼，
谁也不敢说。

莫一抬头看皇帝，
胸有成竹心不慌：
“这是狗尾籽，
长遍我壮山，
这种小米朝廷要，
那是很好办！
它不是米粮，
不能当饭餐，
很难咽下喉，
还会刮肚肠。
大旱年成无米煮，
拿来充腹度饥荒！”

胡赖很凶狠，
抬头把手扬：
“小米煮粥甜又香，
一餐能吃三大碗；
你说假话骗朝廷，
欺君之罪你慌不慌？”

“吹风蛇只能吹毒气，
不会吹出稻花香；
狗嘴只能吹臭气，
不会吹出象牙闪银光！

胡赖一再欺皇上，
欺君之罪该他当！”

皇帝又发雷霆怒，
声音震殿堂：
“欺君之罪杀勿赦，
南蛮刁民真不慌？”

莫一镇定心不慌：
“小米煮粥众官尝，
众官亲口来辨认，
看看是甜还是香？”

胡赖看皇帝，
皇帝挥右手：
“让他们去办，
再敢欺骗就斩首！”

莫一嘱咐众兄弟，
搭灶洗锅煮粥忙，
灶里火焰旺，
锅里粥滚翻，
狗尾籽粒大心空浮水面，
小米粒细实心锅底藏。
狗尾籽粒粒长满硬细毛，
小米粒粒又圆又滑闪金光。
抓锄柄的人一看心明白，
五谷不分的寄生虫怎知奥秘锅里藏！

皇帝众官都到场，
一场闹剧要真唱：
莫一从锅底舀给兄弟各一碗，
众兄弟边喝边咂嘴吃得十分香！

众官眼见山民吃得香，
垂涎欲滴双眼闪奇光；
莫一在粥面上各人舀半碗，
恭恭敬敬捧到众官的手上。

皇帝百官把粥喝，
岂料粥水卡喉咙，
人人翻着白眼直呕吐，
吐洒一地臭满宫！

皇帝皱着苦瓜脸，
又咳又吐口水流；
胡赖急忙掏手绢，
给皇帝抹脸擦泪满面愁。

壮家兄弟目睹百官狼狈相，
本想破涕大笑闹得欢，
生怕惹怒皇帝出大事，
只好捂鼻偷笑在一旁。

胡赖一计未成生二计，
笑对皇帝叙端详：

“蛮人虎背熊腰身体壮，
原是壮山有宝藏！”

“壮民穷得叮当响，
难道真的有宝藏？”

“古传有壮芋，
壮家香芋满地长，
个个香芋碗口大，
个个大芋粉又香，
芋头煮熟揭锅盖，
香气飘过九重山！
我想叫壮民来献宝，
让吾皇把山味尝一尝！”

皇帝听后细思量：
小米粥卡喉泪未干，
如今又要尝山味，
岂能重演狼狈相？

胡赖笑对皇帝拱双手：
“吾皇恕臣进一言：
小米粥卡喉实难咽，
壮家芋头真香甜，
壮民吃了延年益寿，
这山宝早在民间流传，
何不叫壮民将山宝来进贡，
让吾皇高寿万年长！”

皇帝点了头，
胡赖传圣旨；
莫一众兄弟，
急忙生火把芋头煮。

老虎耳和芋头，
长得一模一样；
芋头种在地里，
老虎耳野生在山上。

老虎耳和芋头都捧来，
每一个破为两半：
一半老虎耳一半芋头，
两半都是一个模样，
合成一个大芋头，
煮在锅里喷喷香。

芋头煮熟揭锅盖，
热气腾腾满宫香；
香气牵来众官员，
个个睁眼来围观。

胡赖扶着皇帝来，
皇后宫女来了一大帮；
莫一随意捡起一个芋头，
边吹气边把芋头分两半：
一半塞入自己口中，

一半双手敬皇上，
他边吃边咂嘴，
吃得甜又香。

皇帝手捧香芋到嘴旁，
本想痛痛快快把山味尝；
忽忆小米卡喉咙，
连忙摇头口不张。

莫一眼看这情景，
重捡香芋再来分，
一半交到胡赖手，
胡赖无疑口里吞，
他边吃边咂嘴：
“香芋又粉又甜香喷喷，
吾皇亲口尝一下，
独特山味记一生！”

皇帝见莫一口吞香芋，
以为是山民饥不择食；
今见胡赖吃香芋赞不绝口，
频频点头深信无疑。
不觉把山芋吃下肚，
“哎哟哟！哎哟哟！”
号叫泪如雨。
喉咙痒得似猫抓，
喉咙肿得难呼吸：
“这是什么香芋山宝？

明目张胆将寡人欺，
快把这群蛮民全绑住，
统统推出城门斩首剥皮！”

胡赖帮皇帝捶背，
又为皇上擦鼻涕：
“蛮民真是毒蛇心，
应该斩首剥皮！
嘿，他们的厚皮大有用场，
不说人不知。”

“蛮民贱如狗，
人皮有何用？”

“蛮民常年吃杂粮，
皮厚又坚韧，
剥下人皮盖宫殿，
价值连城贵过金，
世上千古未见过，
人皮宫殿定扬名！”

皇帝点头笑嘻嘻：
“爱卿说来有道理，
金殿银殿世间有，
人皮宫殿万古稀！
你将圣旨传下去，
速将蛮民斩首剥人皮！”

鸡毛当令箭，
胡赖将圣旨传，
来了众杀手，
手中刀斧闪寒光！

壮家众兄弟，
心惊胆战望莫一；
莫一面不改色挺着胸：
“砍头剥皮都可以。
若不按照壮家习俗办，
双刀架颈头不低！”

“壮家有何习俗，
朝廷有所不知；
只要你们说出口，
我们都可以办理！”

“壮民有副硬骨头，
双刀架颈泪不流；
临死要吃一餐饭，
不吃凤肝和龙肉，
只要吃饱一餐辣椒粥，
壮家兄弟心满足！”

朝廷依了壮家习俗，
答应莫一的请求；
他一一嘱咐众兄弟，
赶忙动手来煮粥。

灶里火熊熊，
锅里水翻滚；
莫一拿来五包辣椒粉，
齐往锅里全撒光！
长柄粥瓢搅几下，
一锅粥变成一锅辣椒汤！

人皮盖宫殿，
佳音传四方，
皇帝百官都高兴，
熙熙攘攘来围观——
九十九个壮家兄弟，
解下头巾和衣裳，
一个个鼓着铃铛般的大眼，
一个个挺着赤色的胸膛，
一个个双手叉腰，
酷似一座座巍峨的大山！

他们一个个捧着大海碗，
碗里盛满热气腾腾的辣椒粥，
他们喝了一碗又一碗，
一个个肚皮涨成大鼓，
一个个头顶热气升腾，
一个个额头挂满汗珠，
一个个毛孔扩张似猫眼，
一个个热汗浑身流！

宫女扶着皇帝皇后往前走，
好似看戏入了迷：
“嘻嘻，他们的汗珠大过花生米，
他们流汗好似下大雨！”

莫一脸红好似火烧山，
莫一眼亮好像天上星，
莫一运气腹如鼓，
莫一怒吼似雷鸣，
莫一汗珠似飞弹，
千颗万颗射向皇帝身！

九十九个兄弟学莫一，
双手叉腰汗如雨；
千颗万颗飞汗如飞弹，
弹弹射中狗皇帝！
皇帝浑身湿漉漉，
好似一只落汤鸡！

九十九个兄弟捧腹笑，
九十九个兄弟喊声高：
“壮家兄弟皮漏水，
问你皇家要不要？”

“啊嚏，啊嚏”打喷嚏，
胡赖背着皇帝赶快逃：
“蛮人皮粗漏大水，
不要！不要！不能要！

放走蛮民回山寨，
国赋皇粮不用缴，
自耕自织过日子，
朝廷从此不干扰！”

莫一骑马率兄弟，
浩浩荡荡回壮山。
从此壮山山更美！
从此壮山花更香！
从此壮山人更乐！
从此壮山无虎狼！
从此壮民不落泪！
从此壮民无饥荒！
千山万岭流蜂蜜！
壮家欢乐万年长！

第十三章　进京揭榜

公鸡声声报晓，
旭日在坳口露出半张笑脸，
五彩斑斓的朝霞，
映红东边天。

飞马村前，
一马平川的稻田，
铺满沉甸甸的谷穗，
晨风吹金浪涌向山边！

“咴咴”飞马鸣，
飞马在村前上空盘旋，
莫一俯瞰金浪滔滔的稻海，
心中比吃下冬蜜还甜！

他跳下飞马入茅棚，
玉米、南瓜卸在棚中；
手摇纺车老母亲，
露出满面笑容。

达巧在木制的织布机上，
飞梭走线织布忙，

点头微笑来迎接，
他快步如飞走到她身旁……

莫一夫妇骑飞马，
骑着飞马进城玩；
驮上小米、南瓜和白布，
以物换物再回山。

达巧双手抱夫腰，
侧头望夫两眼笑：
“男耕女织多自在，
自耕自织粮赋不用缴，
自猎自渔不再受干扰，
这般日子多逍遥！”

莫一回首望达巧，
双眉紧锁脸无笑：
“升平岁月如蜜甜，
但愿年年乐逍遥；
听说藩军来骚扰，
四处掳掠放火烧……”

达巧顿时心中惊：
“快快骑马进州城，
换好物品快回家，
抚养老母过终生！”

“妹莫惊，

天崩下来双肩顶，
地陷下去两脚填，
万众一心打得赢！”

烈日炎炎当头照，
飞马“嘚嘚”往前奔，
飞过千山过万岭，
不觉飞到大城门。
东城门外人挤满，
个个昂头踮脚跟。
人人凝望一张纸，
朝廷贴榜招武生。
招贤纳士选武将，
大张红榜贴上墙：
“外敌入侵，
夺我江山，
杀人放火，
百姓遭殃，
谁能御敌，
重重有赏，
奖银万斤，
奖金千两，
封为大臣，
国泰民安！”

莫一心潮涌，
举手欲揭榜；
达巧忙把夫君拉：

“国家大事谁敢一人当?
回山招来众兄弟，
出谋献计细思量。”

夕阳落西坳，
百鸟归山林；
飞马“咴咴”越千岭，
莫一夫妇回到飞马村。

新月如钩，
挂在天边，
晴空万里，
疏星眨眼，
流萤闪亮，
群山安眠。

飞马村里，
大榕树旁，
“人”字形的茅棚内外，
却热闹非凡。

九十九个壮家兄弟，
济济一堂。
人人红光满面，
个个双目炯炯闪光。

莫一清清嗓子，
庄严肃穆开腔：

"今晚招来众兄弟，
有件大事要商量……"

众兄弟竖耳倾听，
都想听个端详：
"说吧，大哥，
天大的事众人当！"

"眼下外敌入侵，
夺我边疆，
挥刀射箭，
十分嚣张，
杀人放火，
掳掠财产，
气势汹汹，
弄得人心惶惶，
朝廷贴出红榜，
招贤纳士选忠良，
谁能抵御外敌，
重重有赏，
奖银奖金，
还封大臣大将！……"

莫一尚未说完，
众人争相开腔：
"国家有难，
众人担当，
敌人胆敢来侵犯，

要他有来无还！
飞蛾来扑火，
注定它灭亡！”

有些兄弟皱眉头，
摇头摆手慢开腔：
“国家养有千万兵，
贪生怕死不敢上战场；
手无寸铁老百姓，
怎能赤手空拳去打仗？”

莫一挥大手，
心潮激荡：
“朝廷官兵贪生怕死，
红榜久贴无反响。
我们是坐等战火燃到壮山，
还是出征揭榜，
歼灭敌人，
国泰民安？！”

众兄弟异口同声：
“出征揭榜，
歼灭敌人，
国泰民安！”

山虫睡了，
山鸟睡了，
山林睡了，

可是，飞马村里，
家家户户灯火闪亮，
都为出征的亲人打点行装……

有的踏碓舂糯米，
有的炒豆备干粮，
有的开炉抡锤打兵器，
有的剪布缝衣裳，
有的搓麻打草鞋，
有的纺线绣花缝背囊……

达巧坐在火塘旁，
三脚石灶火正旺，
笼里糯饭喷白气，
茅棚内外喷喷香，
她边吸糯饭香气边搓绳，
连夜编制草鞋忙，
三双草鞋编好了，
又帮丈夫补衣裳。

鸡啼“喔喔”过三道，
七姑星西斜挂树梢；
情意绵绵犹未尽，
责骂公鸡把笼敲。

竹壳包好糯饭，
细藤捆好竹壳，
两双笑眼望笑眼，

大包糯饭交给哥：
“哥吃糯饭好爬山，
歼灭顽敌保家国，
歼灭顽敌快回寨，
免得阿妹泪成河！”

红日高照，
山寨欢腾，
牛角号“嘟呜——嘟呜——”响，
蜂鼓“嘭嘭”声连声，
村前人头在晃动，
载歌载舞送亲人。
亲人出征歼敌去，
歼灭顽敌返家门！

莫一骑着飞马，
领着众兄弟，
为国出征，
为国歼敌！
队伍来到大山旁，
红棉树下来歇息。

伟岸挺拔的红棉树，
好像卫士威风凛凛！
黄蕊红瓣木棉花，
好似一盏盏高擎的红灯！

朵朵红花站满树，

一棵红棉一面旗；
莫一拔起一棵红棉树，
连根带花高高举，
火红大旗来引路，
双眼明亮添活力！

红棉当红旗，
红旗齐天举，
山头猿猴齐鼓掌，
天上白云把头低，
山泉“叮咚”奏琴韵，
山鹰盘旋望红旗！

出征队伍，
日夜兼程，
越过千山，
翻过万岭，
踏破草鞋一对对，
磨破脚皮一层层，
不觉来到红水河畔，
河水咆哮把路拦。

红水河好似一群脱缰马，
万山丛中滚翻翻！
上无桥来下无船哟，
怎能闯过这难关？

众兄弟束手无策，

大眼瞪小眼；
低头呆望翻滚的红河浪，
抬头呆望白云飘逸的蓝天。

莫一望着众兄弟，
天大困难头不低：
“大河无桥我们造，
大山挡路我们移，
荒野无路我们开，
大山压顶志不移！”

莫一骑着飞马上山巅，
条条山藤挂眼前，
山藤条条粗又韧，
眼望山藤心中甜，
割下山藤一大捆，
一头挂在崖顶边。

莫一骑马飞过河，
手握山藤立河滨，
一座藤桥河面过，
兄弟见了笑盈盈，
九十九个兄弟过对岸，
山欢水笑喜在心！

夕阳西斜，
城门挂晚霞，
城墙下人头晃动，

人群一片黑压压。
望着红榜来议论，
怒火升腾把朝廷骂：
“吃着皇粮有屁用，
手握大刀不敢杀，
入侵外敌不敢碰，
嚣张气焰不敢压，
文武百官吃坏米，
躲在床底怕天塌。”

忽闻飞马“咴咴”鸣，
出征队伍进京城，
红棉树为旗迎风展，
惊呆城下看榜人。

红棉树大旗挽狂澜，
举旗巨人挺胸膛，
昂头高举一只手，
“哗啦”一声揭红榜！
众口张成一个“○”，
众目鼓鼓似铃铛！

智勇双全举旗人，
手指红门兵勇惊；
红棉树大旗齐天举，
出征队伍进朝廷！

第十四章 智歼顽敌

皇军节节败退，
入侵敌军获胜猖狂，
敌兵像潮水般涌进，
夺我半壁江山。

战火烧红国土，
黎民百姓遭殃，
尸横遍野，
血流满山！

战火烧近京城，
敌军杀声震天，
重兵压城城欲摧，
皇帝百官夜难眠。

一连三天三夜，
皇帝坐卧不安，
一粒米饭不下肚，
半口茶水也不沾。

日不张口，
夜不闭目；

躺下龙床做噩梦，
声声直呼救。

卫士奔来，
宫女赶到；
皇帝挥剑欲杀敌，
宫女卫士抱头跑。

蜂皇受扰，
蜂群大乱；
皇帝魂不附体，
人心惶惶乱成一团……

壮家九十九个兄弟，
高举红棉树大旗入皇宫；
卫士飞奔禀报皇上，
皇帝的苦瓜老脸现笑容。

皇帝亲自接待出征队伍，
壮家兄弟个个喜笑颜开：
“所需兵马和兵器，
寡人一 一点头表态，
只要能歼入侵之敌，
朝廷责无旁贷。”

莫一和壮家兄弟，
拍拍布袋表心意：
“我们不添一兵一马，

我们不需任何兵器，
只要有了这些宝贝，
一定歼灭入侵之敌！”

皇帝摸摸莫一那根青竹，
他又拍拍壮家兄弟身背的布袋：
“你们就靠这些玩意，
能将敌军打败？
这可不是游山玩水，
拄拐杖背干粮，岂能拒敌国门外？”

莫一举青竹拍布袋，
对着皇帝忙开腔：
“青竹飞马三尺长，
一天飞越万重山，
打仗它是好战马，
‘咴咴’嘶鸣敌胆寒！
大小布袋身边挂，
稀珍奇宝袋里藏，
定要敌军血流成河水，
横尸遍野满山冈！”

壮家众兄弟，
拍胸话声响：
“定要敌军血流成河水，
横尸遍野满山冈！”

皇帝看到壮家兄弟如此刚强，

个个好似生龙活虎一般，
眉开眼笑传圣旨：
“大摆国宴，满宫狂欢！”

灯红酒绿，
杯盘叮当，
舞步翩翩，
歌声嘹亮，
划拳猜码，
声撼殿堂，
皇宫上下齐欢饮，
个个面红好似火烧山！

鸡啼时分酒席刚散，
壮家兄弟席地为床，
九十九个兄弟并排睡，
横七竖八睡得香。
九十九个“风箱”齐启动，
一个更比一个响。

十五个吊桶打水，
七上八下心不安，
皇帝在卧宫内来回踱步，
彻夜意乱心烦。

皇帝唤来贴身卫士，
一一吩咐端详：
“你去看看出征队伍，

可否准备妥当?
再到军库查点好兵器,
给他们配足上乘武装!”

卫士遵命奔到宿地观看,
只见壮家兄弟睡得很香——
他们打着赤膊,
席地为床;
有的双手相压,
有的两脚互攀,
有的闭目张口,
有的磨牙“咯咯”响。

九十九个兄弟,
九十九个“风箱”,
个个“风箱”“呼噜——呼噜——”响,
一个更比一个强;
有的像吹火,
有的似哀叹,
有的好像公牛“哞哞”叫,
有的好比大山崩塌“哗啦”响,
有的响声震得门板要倒,
有的响声震得屋顶瓦片欲翻……

卫士禀报皇帝,
皇帝更为不安:
“如此队伍岂能打胜仗?
令他们趁早起床!”

卫士奉劝皇上：
“养精蓄锐方能打胜仗！”
皇帝听后点点头：
“就让他们安睡在床！”

一团火球似的朝阳，
从东宫墙角冉冉升起，
朝霞覆盖在殿堂顶上，
殿堂门前人来人往熙熙攘攘。

壮家九十九个兄弟，
好像九十九座大山，
他们一个个昂头握拳，
挺起山坡似的胸膛。

莫一在他们身上，
喷了三口清水；
满腔热血沸腾，
跃跃欲试奔赴战场！

莫一跨上飞马，
战马“咴咴”嘶鸣，
领着出征队伍，
浩浩荡荡奔赴战场！

入侵之敌似潮水，
气势汹汹冲上山，

举刀拔剑搭弓箭，
直向壮家兄弟开战。

千万支利箭飞来，
支支利箭射到壮家兄弟身上；
支支利箭反弹回去，
箭箭射透敌兵心脏！

千万敌兵中箭倒地，
千万敌兵心发慌，
心里“咚咚”直敲鼓，
双脚打绞身筛糠，
抱头鼠窜忙逃命，
喊爹叫娘躲进山。

敌兵躲在山头望山下，
不见我军追上来；
看清我军是赤手空拳小队伍，
一场浴血奋战又展开。

敌兵像一群疯狗，
敌兵像一群野蜂，
从四方八方拥过来，
抡大刀搭弓箭向我军直冲！

莫一骑上飞马开布袋，
一抓抓玉米粉撒向天空，
忽而撒向左边山，

忽而撒向右边岽。

九十九个兄弟都撒玉米粉，
玉米粉纷纷扬扬撒满敌军中，
玉米粉变成乌云黑雾，
愈来愈黑愈来愈浓，
伸手不见五指，
黑云滚滚迷漫着千山万岽。
分不清敌我，
敌兵互相残杀冲锋，
利箭对着利箭，
刀锋对着刀锋，
你喊杀我喊砍，
杀声震撼千山万岽，
横尸遍野，
鲜血流满山冲，
鲜血染红草地，
鲜血染红山山岽岽。

云消雾散，
万里晴空；
壮家兄弟手拉手，
喜出望外走出岩洞！
捡起敌兵的长矛大刀和弓箭，
向败退的敌军追杀冲锋！

敌兵知道上当，
更加怀恨在心；

一群敌兵反扑过来，
把壮家兄弟追赶上一座山顶。

莫一胸有成竹，
骑着飞马上天空，
战马"咴咴"空中鸣，
吓得敌兵龟缩在山中。

莫一和众兄弟抓起黄豆、芝麻，
一把一把撒向敌军中，
千颗黄豆万颗芝麻，
变成千万只鬼头蜂、白尾蜂，
蜂群蜇瞎敌兵双眼，
蜇得敌兵鼻青脸肿！

敌兵分不清方向，
敌兵分不清平地与山冲，
有的掉下悬崖，
有的摔下深洞，
有的腿折腰断，
鲜血染红高山深峁！

敌兵也有黑军师，
剪好黑纸空中撒；
纸片变成乌鸦和鹞鹰，
蜂群岂能战胜尖嘴乌鸦？

急得莫一团团转，

忙把沙粒装袋中；
骑着飞马升天去，
把把沙粒撒天空。
沙粒颗颗飞弹样，
鸟群翅断眼盲落山冲。

群蜂纷纷飞起，
飞满万岭千山，
蜇瞎敌兵双眼，
盲眼敌兵落山冈！
盲眼敌兵打盲眼，
个个抱头叫爹娘！

壮家兄弟手持长矛大刀，
将盲眼敌兵砍得人头落地，
将盲眼敌兵戳得肚破肠流，
敌兵尸填深谷血成溪！

莫一骑上飞马，
飞越蓝天碧空，
带领九十九个兄弟，
奏凯而归乐融融！
皇帝百官来迎接，
欢声笑语满皇宫！

皇宫设宴，
祝捷庆功；
翩翩起舞，

高歌赞颂！

文武百官都到场，
碰杯敬酒心欢畅；
唯有胡赖藏在龙柱后，
嫉妒仇恨刻于心坎上。

皇帝派来信使，
圣旨当众诵传：
“莫一大智大勇，
歼敌夺回江山，
立功应受重赏，
册封大臣第十三，
主管南疆兵事，
号称‘莫一大王’！”

九十九个壮家兄弟，
九十九个有功之臣！
九十九坛美酒喝不醉，
九十九颗红心更明！
九十九双眼睛更亮，
九十九座大山把天顶！
日晒雨淋石不烂，
五雷轰顶不变心！

第十五章　借刀斩奸

皇宫张灯结彩，
宫殿金碧辉煌，
铁炮声声震宫殿，
一排六十响。

今日皇帝六十大寿，
高朋贵客来自八方；
莫一大王来张罗，
安置得妥妥当当——

请来一位师爷，
写好对联颂扬：
上联“福如东海”，
下联“寿比南山”，
端端正正贴在龙门上，
横额“万寿无疆”！

皇帝穿上寿服，
端坐在宝座上，
宝座后面贴着一张“寿星图”，
五位舞女亭亭玉立在身旁，
舞步翩跹歌声婉转，

皇帝手捋长须笑声远扬。

文武百官排长龙，
顶礼膜拜跪地上，
争先恐后来祝寿，
寿礼价值连城不张扬：
有山珍海味，
有宝牛珍羊，
有金猫银鼠，
有龙凤呈祥……
皇帝一一笑纳，
心里有说不出的欢畅！

摆了九十九桌宴席，
来了九百九十个高官，
皇宫充满了欢声笑语，
皇宫飘着肉味酒香。

胡赖姗姗来迟，
忙将寿礼献上：
一对手臂粗的龙烛，
足有五尺长，
一对长龙在起舞，
雕刻在一双龙烛上方。

皇帝看了长烛，
心里有所不安：
“今日乃寡人六十大寿，

为何将此祭品献上？”

胡赖老奸巨猾，
双膝下跪祝寿忙：
“花烛花烛美，
光明幸福长，
祝皇上前程似锦，
祝皇上万寿无疆！

福如滔滔东海，
寿比巍巍南山！
小臣不送金银财宝，
专送龙烛永放光芒！”

胡赖将龙烛点燃，
龙烛黑烟滚滚污染殿堂；
莫一睁开千里眼，
看穿毒汁烛中藏。
本想将计就计，
让昏君中毒身亡；
又想借刀斩奸报父仇，
让恶贯满盈的胡赖见阎王！
他面向龙烛吹大气，
一对大烛不闪光。

胡赖又将蜡烛点燃，
莫一重把烛光吹熄；
胡赖张口血喷人：

“心怀鬼胎是莫一，
他把烛光吹灭掉，
要将皇上送归西，
若不把他来斩除，
大难临头救不及。”

皇帝站起挥大手：
“今日是朕六十大寿，
不吉利之语不许言，
不吉利之事不许做，
莫一胆敢如此妄为，
不治服他决不罢休！”

一群兵勇蜂拥而上，
十二条铁链紧锁莫一大王，
两团棉花堵住他的嘴哟，
有话说不出气也喘不上。

胡赖又将龙烛点燃，
烛烟污染殿堂，
莫一鼓腹运足气，
喷出两团棉花灭烛光。

胡赖举刀冲上前，
朝着莫一头上砍；
莫一将手上铁链挡住刀，
大刀飞出九丈三。

莫一指着胡赖的狗眼：
“你为何将毒汁藏烛间？
你一心要把寿日变丧日，
要把吾皇送西天！”

莫一请求皇上：
“吾皇明察秋毫心里亮，
请将此烛点在猪栏鸡舍里，
成群猪鸡会死光！
猪鸡不死斩我首；
猪鸡死掉将其狗头挂城墙！”

莫一说得在理，
皇帝派人照办：
一支蜡烛点在鸡舍，
一支蜡烛点在猪栏……

一个兵勇，
提着一只乌冠公鸡，
气喘吁吁奔来，
急忙禀报皇帝：
“吾皇……恕……我一言，
大烛确实藏有毒气，
公鸡红冠变乌冠，
你说稀奇不稀奇？
母鸡白蛋变黑蛋，
活鸡全都变死鸡！”

又一个兵勇奔来，
结结巴巴禀报皇上：
“这……这……花烛实在毒，
毒气散遍猪场，
一群肥猪口吐白沫，
一群肥猪滚在地上，
一群肥猪张着大嘴，
四腿抖抖全死光！”

第二个兵勇禀报尚未了，
第三个兵勇急忙闯入殿堂，
他面色刷白身打抖，
一五一十禀报皇上：
“吾皇在上万万岁，
恕我小兵把事叙端详——
这对蜡烛真蹊跷，
确确实实把毒藏，
大群猪鸡遭毒害，
我把残烛丢下塘，
一支丢下藕塘里，
一支投在大鱼塘，
不到半个时辰我去看，
吓得我脸变土色心发慌：
塘水清清变浊水，
白花变黑叶变黄，
死蛙躺在荷叶上，
一塘荷花全死光！
一塘红鲤蹦蹦跳，

霎时翻肚全死完!”

蜈蚣钻进猪笼躲,
如今它才露出脚;
当众破开墨鱼肚,
一眼看穿黑心窝!

莫一咬牙指胡赖:
“你的心肝毒过狼,
你的牙齿毒过蛇!
你胆敢把毒汁烛中藏。
你一心要毒死众大臣,
你一心要毒死皇上,
你一心要称王称霸,
你一心要独占殿堂!
你睁开狗眼瞧一瞧,
这究竟是谁的天下?谁的殿堂?”

九十九个兄弟,
九十九座大山,
屹立在莫一身边,
屹立在大王身旁:
“你睁开狗眼瞧一瞧,
这究竟是谁的天下?谁的殿堂?”

这掷地有声的语言,
这震撼殿堂的吼声,
其威力无法估算,

其重量无法来称。

胡赖跪在地上身打抖，
声音也打战，
伸着一双大手，
狠狠打着自己的面庞：
“我……我有罪，我有罪！
我……我该死……我该亡！
我没有经过检验，
就把龙烛献上……”

皇帝好似醉了酒，
红了双眼红了面庞，
一条条青筋像蚂蟥，
爬在他的额头上，
他咬牙握拳，
怒声震天响：
“把他推出城外，
斩首示众挂在城门上！”

第十六章　夜归壮山

莫一当臣当大王，
好似一步登天堂，
入宫出宫坐大轿，
前呼后拥闹翻翻。

宫殿雕龙画凤，
满目金碧辉煌；
卧室宽敞明亮，
龙飞凤舞大龙床。

一日三餐，
尽是美酒琼浆，
山珍海味吃不尽，
龙肉凤肝尝不完！

日夜有舞女歌仙陪伴，
舞步翩跹歌声婉转；
神仙过的日子咧，
谁不心宽体胖？！

吃山薯长大的莫一哟，
却人在皇宫心在壮山——

他喜看青翠欲滴的竹林，
他喜看壮家的山山岭岭；
他喜听山泉山溪的琴音，
他喜听山虫山鸟的啼鸣；
他爱吃山上的牛甘果，
他爱吃沟边的嫩甜笋；
他不嫌壮山茅棚木屋太简陋，
他不嫌壮山羊肠小道路难行；
他不忘芋头麦饭的馨香，
他不忘小米红薯甜醉人。
壮乡水好山好人更好哟，
以诚相待心换心！

莫一爬上城门放眼望，
望穿天边云遮雾障的壮山：
“双眼早盲的老母亲哟，
你是不是还忙着纺线？
美若天仙的巧妹哟，
你是不是正与老母共进晚餐？”

华灯初上，
皇宫更为辉煌，
卧室四壁熠熠生辉，
更加通明透亮。
龙床雕龙画凤，
都像活的一样，
龙在腾飞，
凤在翱翔。

莫一灯下掏衣袋，
掏出红布小包真耀眼，
一层一层揭开去，
五颗红豆红艳艳！

去年出征妹送哥，
一送送到红豆坡，
红豆传情表心意，
哥妹眼泪流成河：
“送哥送到红豆坡，
妹的心潮波连波，
破开手臂栽红豆，
入肉相思不忘哥！”

“满坡红豆红艳艳，
摘袋红豆挂身边，
妹拿红豆回去种，
红豆种在妹心间！”

门外响起“笃笃”声，
两位宫女来敲门；
送来莲羹人参汤，
对着大臣笑盈盈。

莫一大王摆摆手：
“本臣今日体欠佳，
莲羹参汤不思饮，

龙肉凤肝吞不下。”

送汤宫女刚出门，
四位舞女又来临，
舞女衣衫薄如翼，
红颜玉体分外明。
仙女入室舞蹁跹，
歌声悦耳情绵绵……

莫一痴心念娇妻，
双眉紧锁头低低：
歌声再甜不入耳，
舞女再美不入迷，
他摆双手歌舞断，
舞女双双离卧室。

莫一关门把箱开，
看见花巾笑盈盈，
绣花头巾是妹送，
两头牵住两颗心：
“一条花巾五尺长，
长长花巾送给郎，
一头牵着妹心肺，
一端挂着哥心肠。”

“绣花头巾送给郎，
花巾缠在哥头上，
花巾绕在哥心里，

除掉奸臣就回山。
如今奸臣已除掉，
本应离京把家还，
奈因皇上委重任，
重任在肩难脱身。
万望巧妹多保重，
夫君定要回壮山！”

如钩弯月挂天边，
稀疏天星眨着眼，
点点流萤沟边亮，
山山岭岭睡得甜。

飞马山下黑如漆，
树下茅棚鸡在啼；
棚里透出油灯亮，
达巧灯下缝新衣。
一套新衣缝好了，
又帮郎君纳鞋底，
鞋底厚厚千层布，
千针万线缝得密，
边纳鞋底边思念，
思念情哥入了迷：
“一对布鞋白布底，
鞋底厚厚钉得密，
鞋底打成胡椒眼，
夫妻永世不分离！
生不离来死不离，

生死我俩共堆泥，
除非竹篙长嫩笋，
竹篙长笋也不离！
当年送哥上京城，
又送布鞋又送衣，
如今有鞋无处送，
思念情哥泪滴滴……”

打更木梆声声响，
更夫身影拉得长；
深夜一更过去了，
宫里寂寞又凄凉。

莫一悄悄走出宫，
一根青竹胯下藏，
对着青竹拍三下，
飞马飞过高高的城墙。
飞过千山万岭，
回到日夜思念的壮山！

走近茅棚看一看，
棚里透出一丝灯光，
看见巧妹纳鞋底，
赶做新鞋灯下忙。

莫一心激动，
举手忙敲窗：
“巧妹！巧妹快开门，

哥哥飞回到壮山!”

达巧入迷纳鞋底，
针刺指头不觉痛，
两耳不闻窗外事，
飞针走线乐心中。

莫一举手再敲窗，
敲得窗户“咚咚”响：
“巧妹！巧妹快开门，
哥哥真的把家还!”

“深夜三更静悄悄，
忽闻有人把窗敲，
声声呼唤我名字，
一声更比一声高，
究竟是人还是鬼？
黑灯关窗任他敲!”

莫一懂得妻惊慌，
接二连三来敲窗：
“哥哥真的回来了，
巧妹！巧妹心莫慌!
不信你伸手摸一摸，
阿哥回到你身旁!”

达巧听见要摸手，
心中怒火高三丈；

顺手端起半桶尿，
“噗”的一声泼出窗！

莫一满头尿淋淋，
急忙抹脸又擦身；
依然窗前呆呆站，
牵动棚中达巧心：
“你究竟是人还是鬼？
为何半夜骚扰人？”

“高山打锣要听音，
隔墙对话要听声；
阿哥声音妹熟悉哟，
我是你的贴心人！”

窗外蒙蒙看不清，
声音虽熟不敢认，
再出难题考一考，
看他是鬼还是人：
“你说你是我夫君，
问你家有多少人？
你若有意扰民女，
小心再次挨尿淋！”

“确确实实是夫君，
莫一就是我的名，
家中你我和老母，
总共只有三个人。”

“不许冒充我夫君，
我夫能干又聪明；
他有飞马飞万里，
不像你这蠢笨人！”

一根青竹三尺长，
青竹滑亮闪绿光；
青竹递进茅棚去，
照得棚里亮堂堂。

达巧奔来开竹门，
深夜茅棚迎亲人；
两双笑眼望笑眼，
夫妻紧抱心贴心！

第十七章　挥袖压日

人在朝廷，
心系壮山；
日在朝中，
夜归壮乡。

春季播种，
秋结硕果；
飞马来回飞半载，
夫妻有了丰盛的收获！

这是莫家的喜事，
也是壮家的骄傲；
谁知流言蜚语飞满寨，
婆媳心急似火烧——

有的背地编歌唱，
有的捧粪上人头：
“达巧好比猫爪刺，
东也勾来西也勾；
如今麻风上了脸，
家婆白背臭名头。”

“达巧好似杨梅树，
枝繁叶茂站高坡；
春夏不见红花放，
秋到突然结硕果！”

“你家媳妇美如花，
偷吃米粥肚也大；
白狗偷吃不擦嘴，
看她是草还是花？”

家婆莫一妈，
双眼早哭瞎；
如今流言贯双耳，
眼也瞎来心也瞎！

清早家婆串门去，
傍晚家婆把家回，
达巧上前端张凳：
“妈妈坐下歇一会！”

“不累，不累，我不累！
人回到家心不回；
双脚不累心里累，
千斤黑锅哪样背？”

达巧捧来一碗茶，
脸如桃花笑眯眯：
“妈喝凉茶清火气，

消除疲劳添活力!”

“不渴，不渴，我不渴!
你这凉茶我没福气喝;
谁关爱你留给谁，
茶变蜂蜜也不喝!”

达巧捧来糯饭和鸡蛋，
毕恭毕敬摆桌上:
“妈妈饿了请吃饭，
饭也香来菜也香!”

“你不害羞我害羞，
你走前来人指后，
若是指头能戳洞，
戳穿全身戳烂头!”

婆婆越说火越旺，
抬脚踢桌响“哐当!”
糯饭鸡蛋撒满地，
叉腰喘气站一旁。

达巧的心乱如麻，
婆婆怒火冲着她，
手摸大肚心细想，
脸上泛红像朵花——
本想给婆婆揭开秘，
又怕朝廷隐患发，

若是将秘揭开了，
欺君之罪遭斩杀。

达巧笑笑叫声妈：
“阿妈别把怒火发，
这饭菜专门留给您，
锅里菜饭留给他！”

达巧一句话，
婆婆怒火发：
“你……你！你这小家种，
你还有脸提到他，
他是你的什么人？
你要告发他！
他种下的野树结野果，
天地不容要惩罚！”

家婆越想心越气，
句句怒歌冲出口：
“园中桃树有一蔸，
桃子红了人来偷，
猪肚翻来当帽戴，
给我白背臭名头！”

达巧摸透婆婆心，
如实告诉她真情：
“妈莫忧，
园中桃红无人偷；

种桃的人吃桃果，
口吃桃果甜心头。
妈莫忧，
夫有飞马飞悠悠；
早晨飞去夜飞回，
夫妻夜夜乐无愁！”

“我不信，
天下哪有这种人？
天下哪有这种事？
有凭有据我才信！
限你三日出证据，
证据到手就放人；
若是到期无依据，
红油锅里去收尸！”

提起油锅人人知，
族规如虎把人吃，
谁犯族规无法救，
扔下油锅惨凄凄。

达巧忆起十年前，
有个寡妇泪汪汪；
她沾野花肚子大，
族长把她吊树上，
树下烧起一锅油，
锅里红油滚红浪，
寡妇闭眼不敢看，

哭干眼泪哭断肠！

族长银须迎风飘，
他一声更比一声高：
“这臭婆娘睁眼把族规犯，
把她放下油锅洗个澡，
过了油锅身干净，
来世投胎方逍遥！”

只见族长咬着牙，
他把麻绳忙放下，
“哇啦”一声掉下油锅里，
寡妇锅里滚油花，
撕心裂肺惨叫声，
催人掉魂落魄泪花花！……

莫一又骑飞马归，
看见娇妻泪纷飞：
“巧妹，巧妹有何事？
一吐为快心莫悲！”

“有何心事问亲娘，
流言蜚语堆成山，
黑歌黑调唱不断，
三天六夜唱不全，
用筐来装装不尽，
用车来拉拉不完！”

“流言蜚语说哪样？
黑歌黑调唱哪般？
巧妹给哥唱一唱，
巧妹对哥叙端详！”

“说我好比猫爪刺，
东也勾来西也勾；
又说园中有蔸桃，
桃子红了人来偷；
又说我是杨梅暗开花，
暗中结果挂枝头；
又说扔我下油锅，
斩草除根母子都不留！”……

莫一抹去娇妻泪，
甜言蜜语暖心头：
“身正不怕影子歪，
流言蜚语随水流。
我俩情意深似海，
海枯石烂也不丢！”

郎归夜又短，
郎去夜太长；
鸡啼声声天快亮，
达巧悄悄把靴藏。
一只靴子藏箱里，
一双新鞋送给郎，
布鞋藏在枕头底，

达巧打柴进山忙。

阵阵鸡啼天快亮，
莫一急忙爬起床；
一只靴子何处去，
床头床尾都翻完。

枕头下面有新鞋，
穿起新鞋心更烦；
大臣只能穿长靴，
上朝怎能把布鞋穿？
他双手反剪在身后，
棚中踱步细思量。

他思前想后心潮滚，
忽然妙计心上来；
手提撮箕跑进园，
半箕黄泥棚里抬，
双手匆匆捏黄泥，
一只长靴捏出来。

捏成长靴心中喜，
穿上新靴心又愁；
两只靴子不一样，
一黄一黑不对头！

心急如焚，
汗似雨泼，

他奔入伙房，
左手提大锅，
右手抓锅铲，
两手黑如墨。
锅烟灰铲得一大碗，
染得长靴如墨黑。

莫一奔出茅棚，
正想跨上飞马，
忽见红日东山起，
手忙脚乱眼发花：
“不好！不好！误大事！
朝拜缺席遭斩杀！”

他急中生智挥长袖，
长袖飘飘压红日，
红日也听他使唤，
乖乖缩头下山去。

莫一咧嘴笑嘻嘻：
“如今上朝来得及。”
忙把靴带来系紧，
岂料泥靴裂痕迹。
他把泥靴重新捏，
东山红日又升起；
火烧眉毛心焦急，
再次挥袖压红日！

重新捏靴重新染，
莫一心急如火煎；
心越急来手越乱，
一团泥巴捏不圆。
一只长靴捏未就，
圆圆红日又露面。
莫一三次挥长袖，
红日听话落山边！

朝阳三起三落天地惊，
朝阳三落四起乱朝廷；
朝中纷纷来议论：
“天下就要出新人！”
莫一骑上青竹马，
飞过千山越万岭；
跳下飞马挺胸去，
大步“噔噔”入朝廷。

第十八章　龙归大海

自从盘古开天地，
日出东山落西山；
今日朝阳东升又东落，
弄得朝廷乱翻翻。

皇帝宝座像盆火，
烧着屁股坐不安，
“嚯”的一声忙跳起，
皇帝举镜照四方——

一把长柄照妖镜，
端端正正照东方：
“东方碧海宽无边，
风平浪静映蓝天，
渔民出海把鱼捕，
点点风帆撒浪尖。”

一把宽宽照妖镜，
皇帝举镜照西边：
“西边万山白云绕，
高高山坡映清泉，
泉水淙淙下山涧，

山清水秀百花妍!”

一柄亮亮照妖镜,
照见北方好风景:
“看见北方宽又平,
一马平川草青青,
百花怒放百鸟唱,
鸟语花香庆升平!”

一把圆圆照妖镜,
照到南方皇帝惊:
“崇山峻岭南蛮地,
南蛮头人是莫一,
他为何用泥捏靴子?
他为何挥袖压红日?
他白天在朝办公事,
晚上怎能回山住?
莫不是他长翅膀能飞天?
莫不是他变神仙压红日?
倘若不把他除掉,
皇位归他事无疑。”

八位舞女美如仙,
舞步翩翩来到皇帝身旁,
歌声娓娓绕耳畔,
甜甜笑语把人缠。
皇帝心绪乱如麻,
赶走舞女离殿堂。

皇帝漫步到庭院，
院里百花在怒放；
蜜蜂彩蝶花间舞，
他愁眉苦脸立花旁。

忽见烈日当头照，
皇帝心里更惊慌：
朝阳刚从东山起，
霎时升到头顶上，
今日朝中多怪事，
忙召众臣来商量。

皇帝正襟危坐在殿堂，
左臣右相跪两旁，
他捧名册来点验，
十二位大臣都到场，
第十三位点过名，
久久未见有音响，
皇帝四周扫一眼，
莫一匆匆进殿堂。

皇帝龙颜罩迷雾，
怒声震天响：
“你干何事去？
你来自何方？
挥袖压日何人干？
如实招来好商量。”

莫一瞧了皇帝瞧众臣，
若无其事心不惊：
“天下怪事如牛毛，
千头万绪理不清，
大臣大相答不上，
小臣岂能道得明？
此等怪事谁人干？
揪出坏人心才安！”

任凭皇帝来威胁，
莫一镇定自如来回答：
“挥袖压日天神事，
小臣岂能把日压？”

歪嘴奸臣来到皇帝身旁，
向皇上将诡计献上：
“水槽验靴辨真伪，
是真是假现真相。”
皇帝听来有道理，
一场大戏要登场。
一条木槽五尺长，
满槽滚水翻热浪；
文武百官穿靴槽中过，
小心翼翼往前蹚。

文武百官过了槽，
莫一槽中弯下腰，

左脚泥靴熔化了，
脚皮烫伤如刀绞，
他在槽中单脚跳，
惹得众官捂鼻笑。

皇帝指着莫一问：
“你的左靴为何熔？
莫不是靴小脚大撑烂了？
还是体温过高把靴熔？”

“水滚米自熟，
日照雪山崩；
槽中水太热，
长靴自然熔！”

“同是一槽水，
长靴都相同；
别的靴完好，
你的为何熔？”

“马摆尾，
羊摇须；
别人的靴是新靴，
岂能与我旧靴比？”

“你穿一双靴，
新旧都相同；
右靴尚完好，

为何左靴熔？
左靴何物造？
为何不相同？”

“稀奇稀奇真稀奇，
公鸡不啼母鸡啼；
长靴乃是朝廷发，
用何材料我怎知？”

“自从盘古开天地，
太阳东升西落谁都知；
今日太阳东升又东落，
三落四升太稀奇！
你挥长袖压红日，
你想改朝换代当皇帝？
你真的吃了豹子胆？
欺君之罪你不知？”

“日起日落，
升东落西；
此乃天神事，
小臣岂得知？
倘若小臣能压日，
皇上可叫月升西！”

皇帝动肝火，
说话声音震天响：
“快把这蛮人推出去，

给他重打三百板!”

皇后绣花在卧室，
绣龙绣凤入了迷;
突然屁股遭人打，
天飞横祸她不知。
打一板来叫一声，
撕心裂肺泪湿衣。

莫一遭毒打，
反而笑盈盈，
叫兵勇使劲，
愿奖金奖银。

兵勇死命打，
打在莫一身;
哭声来自皇后宫，
皇帝听见心大惊!

皇帝来到皇后卧室里，
皇后倒在龙床泪滴滴，
一头秀发鸡窝样，
金钗玉钗落满地。
忙把皇后来扶起，
帮抹眼泪擦鼻涕。

皇后挥泪骂皇帝:
“你的良心让狗吃，

你的肝脏狼叼走，
你的狗眼鹰叮去，
你娶新欢我不管，
为何派人打我血染衣？”

皇帝好似热锅上的蚂蚁，
快步如飞冲出皇后卧室，
抓住一个兵勇打耳光，
兵勇脸变土色泪滴滴：
“我叫你们打蛮人，
为何打在皇后身？
胆敢在寡人头上来动土，
斩首示众在西门！”

一个兵勇被斩首，
众兵魂魄无法收，
双膝下跪忙叩首，
异口同声来哀求：
“吾皇在上万万岁，
我们岂敢打皇后？
莫一是个老妖怪，
理当把他来斩首！”

皇帝挥手传圣旨：
“快用铁链锁莫一，
将他吊上屋梁去，
木棒重打三百一！”

兵勇将莫一五花大绑，
高高吊在屋梁上，
敲一棒来问一句：
“你还有什么新花样？”

“你们给老爷松筋骨，
浑身上下都舒服；
多谢长官劳累了，
回家多喝几碗粥！”

莫一奚落众兵勇，
兵勇挥棒打得凶；
一棒打出千滴泪，
哭声来自皇后卧室中。

皇帝急奔卧室里，
皇后吊在房梁上；
惨叫声声尚未了，
泪如雨落湿龙床！

传下圣旨放莫一，
皇后自动落床上，
三魂六魄难招回，
浑身颤抖泪汪汪！

万恶之源是莫一，
皇帝咬牙传圣旨：
“抬来两个大铁钟，

双层铁钟罩莫一。
一个大钟千斤重，
让他插翅飞不出。”

运来九百九十担干柴，
挑来九百九十担桐油；
干柴堆在铁钟上，
桐油淋湿干柴蔸。
一把大火烧燃了，
火焰熊熊映宫楼。
火焰熊熊烧不尽，
九天九夜火不停。

大火烧了九天九夜，
宫里闹了九天九晚，
舞步不停歌不断，
皇宫上下喜若狂。

文武百官来观赏，
皇妃宫女也来玩；
皇后顾虑消除了，
跟着皇帝来观光。

皇帝坐轿出城门，
城外火炭堆如山，
火炭热浪依然猛，
五尺开外把人伤。

突然“呼啦”一声响，
一阵旋风撼京城，
旋风“呼呼”卷沙石，
飞沙走石上天门。
霎时天昏地又暗，
城里城外乱纷纷……

皇帝揉眼望四周，
不见皇后心发愁；
派员四处去寻找，
皇后人影不回头。

文武百官论得凶：
有说皇后旋下洞，
有说皇后升天去，
有说皇后卷入大铁钟！

皇帝传圣旨：
“将铁钟掀开！”
众兵蜂拥上，
忙把水挑来。
挑来九十九担水，
淋了三天三夜方能开。

兵勇抬来九十九根撬棍，
九十九根撬棍同时撬，
异口同声哼号子，
一声更比一声高：

"嗨唷——嗨唷！出大力哟！
嗨唷——嗨唷！使大劲哟！
嗨唷——嗨唷！快撬开哟！"

九十九根撬棍撬断了，
九十九根撬棍又抬来；
九十九个兵勇齐使劲，
千斤大钟撬开了！

围观众人眼睁睁，
要把真相看分明；
认定莫一变灰烬，
谁知见他笑盈盈，
见他坐在女尸上，
不知女尸是何人？

众官扶着皇帝来辨认：
女尸确是皇后身！
皇帝眼黑天地转，
"扑通"晕倒在城门。
众臣急忙来扶起，
皇宫上下乱纷纷，
有的帮他灌药水，
有的帮他揉揉身，
半个时辰皇帝醒，
大轿抬入皇宫门。

皇帝挥手传圣旨：

"将他关入死牢中！"
大臣唤来众兵勇，
莫一被推入死牢笼！

九层铁门关得紧，
九把铁锁重千斤；
铁门铁锁锁得人，
岂能锁住莫一心?!

莫一牢中唱壮歌，
歌声牢里阵阵响：
"天塌当它瓜棚倒，
地陷我到海底玩；
砍头好比风吹帽，
坐牢好似坐花园，
五雷轰顶眼不眨，
双刀架颈心不慌！

我要砸碎铁锁链，
我要飞上九重天，
我要把天上的妖魔鬼怪全扫尽，
我要把海里的妖龙怪蛇送西天，
我要让山中的豺狼虎豹绝子孙，
我要让山里山外的人不再吃黄连，
我要让山里山外的人不再受饥寒，
我要让壮家的村村寨寨歌声飘蓝天！"

莫一运足气，

双拳当铁锤，
锤击铁门倒，
铁锁铁链全砸碎！

莫一冲出死牢笼，
骑上飞马越长空；
龙归大海凤回巢哟，
大王回山乐无穷！

第十九章　日夜练武

弯月西沉，
群星眨眼；
鸡啼三遍，
正是三更天。

飞马村的榕树下，
“人”字形的茅棚里，
透出一缕泛黄的灯光，
灯下达巧泪滴滴。
她擦着一只黑靴子，
擦亮靴面擦靴底：
“夫君哟，我犯下不可饶恕的罪孽，
我把你推下苦海里，
让你被关进黑牢，
让你挨饿受饥，
让你深受皮肉之苦，
让你受尽凌辱委屈。
我对不住你哟我的心肝，
我的过错不能饶恕，
我愿为你承担一切痛苦，
我们永远不能分离！
受尽折磨的夫君哟快回山，

阿妹不能没有你！
老妈妈不能没有你！
父老乡亲不能没有你！”

双目失明的老妈妈，
彻夜心乱如麻，
她在床上翻来覆去，
眼眶里闪着晶莹的泪花。
听到儿媳的哭声心更乱，
颤巍巍的双手摸来安慰她。
她只落泪不说话，
那松皮似的双手摸着她的秀发。
两张泪脸贴泪脸，
两双泪手抱颈坐竹榻。

达巧为妈擦干泪，
低声细语抚慰妈：
“你年老多病要保重，
可不能将身体弄垮，
明日我上京城寻他去，
妈要好好等着他！”

老妈终于开了口，
语重心长鼓励她：
“你为筹集盘缠砍柴卖，
猴山悬崖你也爬，
未满月数的孙儿夭折去，
你流血过多身体差，

你不能带病出远门，
只能等候他回家！
让我烧香拜神去，
求求神灵保护他！”

老妈点上三炷香，
面对神灵来跪拜：
“神灵祖宗多保佑，
保佑我儿回山来，
我儿回山得团聚，
天伦之乐喜心怀。”

门外传来“笃笃”声，
半夜三更谁敲门？
莫不是坏人来干扰？
莫不是夫君回山村？

达巧上前大声问：
“你是何处人？
你有何贵干？
为何半夜来敲门？”

“莫需怕，
我是莫一你夫君，
夫君回到门前了，
快快给我来开门！”

竹门“咿呀”响，

迎回心上人，
达巧一头扑到夫怀抱，
热泪四行心贴心！

麒麟回山龙归海，
莫一回到壮山来，
敲锣打鼓放鞭炮，
男女老少喜开怀！

村头榕树下，
树下古庙前，
千人开怀来歌唱，
万人欢笑舞蹁跹！

蜂鼓“嘭嘭”响，
大锣“哐哐”敲，
长龙摆尾舞，
雄狮昂首跳。

两位白发银须老爷爷，
亲手给莫一来挂彩：
“莫一今日回壮乡，
麒麟回山龙归海，
壮家同胞齐欢庆，
封为大王挂红彩！
大王披红又挂彩，
乡亲嘱托记心怀，
暴君奸臣要斩尽，

四季鲜花壮山开!”

莫一头缠红彩巾,
肩上斜挂红彩带,
一条红布腰间束,
登上高坡把头抬:
“众人挥锄能填海,
众人抡锤石山开,
天塌众人用头顶,
地陷众人填平来!
乡亲重托记心里,
千难万险志不衰!
满腔热血为民洒,
定将暴君赶下台!”

锣声阵阵响,
四个大汉把“皇帝”抬到庙堂;
壮家乡亲来观赏,
“皇帝”端坐高椅上。

莫一揪住“皇帝”拉下椅,
夺过皇冠来戴上;
威风凛凛坐皇位,
铁炮声声撼壮山!

无冠“皇帝”跪地下,
穿着一身破烂的黑衣衫,
锅灰涂脸像黑马,

以手当脚地上爬。

莫一大王骑“黑马”，
鞭打“黑马”拜庙堂；
绕着庙堂转九次，
欢声笑语漫壮乡！

四位彪形大汉，
牵来一头黄牛到庙堂，
黑布蒙眼藤拴腿，
铁线穿鼻拴在大石旁。

一把闪亮大铁凿，
对准黄牛巨头上；
大锤“咣当”一声响，
黄牛倒地一命丧！

一缸糯米酒，
摆在神台上；
一盆红牛血，
倒入大酒缸。

台上摆着九十九个大碗，
台下屹立着九十九座“大山”，
九十九碗牛红酒，
端到九十九个兄弟手上。
九十九个兄弟将酒碗高举过头，
九十九碗牛红酒一饮而光。

九十九个兄弟异口同声吼，
吼声震山冈：
“齐心斗皇帝，
坚决把皇朝推翻！
把他打入十八层地狱，
让受苦人登上天堂！”

要推翻皇朝，
武艺要高强；
家家户户种葡萄，
让葡萄架搭遍壮山！
我们就在葡萄架上练武，
壮家兄弟个个武艺高强！

壮家人说干就干，
家家户户都把葡萄种上，
七七四十九天过去了，
藤粗似手臂叶宽如葵扇；
户户葡萄爬上架，
家家葡萄爬满墙！

家家的葡萄藤相绞，
户户的葡萄架相连；
藤藤相绞更牢固，
架架相连到天边。

旭日露笑脸，
彩霞挂天边；

莫一领着众兄弟，
葡萄架上舞刀练打拳。

千斤大砍刀，
舞在手中多逍遥，
大刀轻如一块板，
挥舞自如闪银光！
忽而来个“五雷轰顶”，
巨刀劈向大山！
忽而来个“穿透心肺”，
巨刀刺向高山！
忽而来个“秋风扫落叶”，
巨刀横扫四方！
巨刀忽左忽右，
巨刀忽下忽上，
巨刀忽前忽后，
众兄弟拍手齐称赞！

莫一大王教兄弟练刀术，
莫一大王教兄弟练抛巨石，
一块巨石千斤重，
三块巨石就像三颗花生米。
一块块巨石抛向空中，
一块块巨石落回手里，
密密抛起密密接，
块块巨石抛接自如！

莫一大王教武艺，

他又教练射箭技术：
一个草扎的“暴君”，
在千米开外呆立。
大王一箭射中“暴君”的大腿，
一箭射穿“暴君”的眼珠，
一箭射透“暴君”的心脏，
一箭射断“暴君”的手臂！

九十九个兄弟跟着大王学，
九十九个兄弟跟着大王练，
箭箭射透“暴君”的胸膛，
箭箭射穿“暴君”的狗眼，
报仇雪恨的喊声震山林，
除暴斩奸的吼声撼蓝天！

莫一大王骑飞马，
在葡萄架的上空盘旋，
看到众兄弟如此勤学苦练，
心中比蜜糖还甜。
他在飞马上练刀，
他在飞马上射箭。
葡萄架上成了练兵场，
被震落的葡萄叶飞舞满天。

一阵山风掠过，
葡萄叶飞满天空，
葡萄叶纷纷飞向京城，
葡萄叶纷纷飞落宫中，

惊呆了宫中清道夫，
震动了朝廷皇宫，
大臣禀报皇帝，
皇帝双眉紧锁无笑容。

皇帝派员四处探听，
得知蛮民在葡萄架上练兵；
他与众臣密谋施诡计，
速派兵马剿蛮民。

第二十章　神竹遭斩

晨星渐渐隐去，
红日冉冉东升；
彩霞挂满天边，
映红山山岭岭。

牛梆声在山间回响，
牛群拥挤出山村；
猎手带着猎犬，
钻入深山老林。

一笼糯饭喷香气，
一锅红薯溢甜汁；
早餐达巧早备好，
莫一尚未把脸洗。

达巧吃了三碗饭，
又吃三个甜红薯；
未见夫君端碗筷，
只好送饭入卧室。

达巧踏步入卧室，
眼见夫君画“山水”：

“画家如此下苦功，
不知饥饿和劳累！”

莫一接过饭菜，
眼里闪着泪花：
“巧妹如此关怀备至，
日后不知如何报答？”

“一家人不说两家话，
快快把饭扒，
一碗不足添两碗，
填饱肚子练武打。”

莫一憨笑递图纸：
“让我巧妹看端详；
只要把群山连得紧，
不怕虎豹和豺狼。

如何搭好天桥？
如何连好群山？
聪明巧妹来献计，
共同保全我壮乡。”

“姐妹山下种葡萄，
葡萄爬上悬崖边；
葡萄粗藤来相绞，
天桥搭在万峰间！”

"天桥搭在万峰间，
还要设计更周全，
长长白布把山绞，
万座山峰紧相连，
能架能收为我用，
皇军无法拢桥边。
请妹织条长白布，
立下新功颂万年！"

月光下，
松明旁，
达巧日以继夜，
纺纱织布忙！
纺了九天九夜，
织了九日九晚，
一条白布织好了，
共有九十九丈长！

妻子送来一捆布，
夫君心中乐融融；
骑上飞马抛白布，
天桥搭在万峰中。

白布天桥上，
人跃马跑，
张弓射箭，
舞剑挥刀！

十八般武艺在天桥上练就，
九十九个兄弟本领高：
一把大刀横扫一下，
一棵大树拦腰斩断；
一支利箭射山头，
山头穿洞变隧道；
一支利箭射蓝天，
射穿蓝天惊飞鸟！

练武归来莫一累，
一躺下床睡得沉，
梦见爸爸坐棚里，
拍儿肩头笑盈盈：
“一蔸青竹千匹马，
一园竹林九万兵，
要和皇朝打到底，
种竹屯兵方能赢！”

夫妻双双种青竹，
日夜忙碌在山头，
日里浇水夜施肥哟，
满园青竹青幽幽！

满园竹林青又青，
竹尾高过茅屋顶；
竹蔸下面长嫩笋，
星星点点数不清。

竹子高高竹尾弯，
晚风轻吹把歌唱；
山鸟啁啾凑热闹，
流萤万点闪绿光！

皓月如水，
竹林幽静；
夫妻双双竹间走，
步履更轻盈。

夫妻轻轻摸青竹，
青竹传出战马鸣；
达巧疑惑眨双眼，
莫一高兴笑不停：
“明日要去龙王岸，
选好地盘好屯兵！”

“哐哐”锣声传山寨，
一队兵勇进村来；
前呼后拥抬大轿，
牛群猪狗也让开。

轿里有个官老爷，
头戴乌帽腰挂刀，
满脸横肉无笑意，
双腿跷起三尺高。

大轿抬到莫一家，

“咔嚓”一声轿杠断；
轿夫心急似火燎，
四处寻杠来替换。

老爷臭骂不停声：
“你们个个是畜生，
轿杠断了快去换，
执行公务急万分！
若是莫一逃跑了，
你们九死无一生！”

一个兵勇闯进茅棚，
抓住门杠往外冲，
脚下拌着小木凳，
“扑通”一声倒屋中。

门杠落地“哐当”响，
莫一老妈心中惊；
急忙奔来夺门杠，
抓回门杠才放心。

岂料兵勇又夺去，
转身就往门外跑，
那只守门大花狗，
“嗖”的一声把他咬。
兵勇放下顶门杠，
花狗松牙汪汪叫。

发现青竹林，
兵勇心高兴，
举起腰间刀，
砍竹手不停。
一连砍百刀，
青竹无刀痕，
兵勇累坏了，
叹气声连声。

兵勇喘过气，
又挥刀砍竹，
“笃笃”砍竹声，
传到莫一屋。

莫一老妈听到砍竹声，
刀刀砍痛老妈心：
“老爷哟，我的神竹不能砍！
神竹里面有神兵！”

“管你神竹或鬼竹，
管你神兵或鬼兵，
砍竹做好抬轿杠，
抬走老爷才是真！”

兵勇露凶相，
老妈心中慌：
“神竹不能砍，
它有大用场！”

老妈求兵勇，
求他把刀停。
兵勇抬脚猛一踢，
把老妈踢倒在竹林，
额头撞到大石上，
老妈满脸血淋淋！

一把怒火烧心间，
莫一老妈冲向前，
把他衣服撕破了，
一口咬伤他右肩，
连皮带肉咬一块，
鲜血淋淋流腰间！

兵勇禀报官老爷：
“青竹里面藏神兵，
若是不把青竹斩，
蛮民有兵剿不清。”

老爷得知此事后，
六神无主坐不宁：
“快把青竹全砍掉，
看他如何育神兵？”

五十把砍刀闪银光，
五十把砍刀“叮当”响；
青竹蔸蔸无刀印，

兵也慌来官也慌。

一个歪颈歪嘴兵，
对着差官说不停；
差官听了有道理，
下令众兵照执行——
抬来九缸尿，
人尿淋竹林，
莵莵青竹冒白气，
差官笑出声。

五十把刀砍竹林，
青竹惨叫声连声；
惨叫声声撕心肺，
莵莵青竹血淋淋！

莵莵青竹跳出神兵马，
个个神兵喊冲杀：
有的举战旗，
有的骑战马，
有的敲战鼓，
直向兵勇冲杀！
杀得敌兵横尸遍野，
杀得敌兵血染山崖。

兵勇毒过吹风蛇，
兵勇凶过虎豹豺狼；
兵勇反扑杀神将，

神兵神将无力挡，
所有青竹全砍倒，
连蔸带根都挖光。

兵勇挑来九十九担干草，
兵勇挑来九十九担桐油；
干草铺在青竹上，
桐油淋在青竹蔸。

一把大火点燃了，
竹林火光映长空，
火焰熊熊烧不断，
千山万岭都烧红。

火中飞出神兵将，
神兵神将满山冲；
神兵神将骂皇帝，
飘飘若仙升太空！

第二十一章　三支神箭

夕阳映西坳，
半边红脸笑盈盈；
霎时半边红脸无踪影，
红霞变黑夜幕罩山林。

蓬头垢面莫一妈，
呆立村头望儿归，
一双盲眼像泉眼，
涓涓涌出辛酸泪。
她满脸皱纹似沟壑，
春夏秋冬泪花飞！

她仰着满面泪珠苦瓜脸，
侧耳倾听四周传来的声音，
条条神经绷紧了，
却听不到儿媳悦耳的歌声，
也听不到儿子“咚咚”的脚步响，
她像热锅上的蚂蚁心急如焚！

她对群山来呼唤：
“儿啊，儿媳啊，你们在哪座山林？
神竹全被糟蹋了，

你们快给老妈回个音！”

没有儿子的回答，
也没有儿媳的回响，
只听到群山传来悲戚的回音，
她心里感到更加凄凉！

一群归巢的乌鸦，
摇着疲惫的双翅飞过头顶，
传来一阵“呀，呀”的叫声，
没精打采飞回老林。

莫一妈挥手问乌鸦：
“你们看见我儿在哪座山岭？
我们的神竹全被糟蹋，
帮我叫他快回村！”

“笃笃——”牛梆声，
自远山传来，
肚皮胀鼓鼓的牛群，
争先恐后进山寨。

莫一妈眼瞎耳利，
早就听清赶牛人：
“三公，你看到我儿子吗？
帮我叫他快回村！”

“噢！你能看见我?!

莫不是你双眼已复明？
你儿子儿媳快回到，
大花狗奔来报佳音！”

一只大花狗，
奔上土坡顶，
摇着尾巴走过来，
“呜呜”唤主人。

花狗吐着长舌头，
舔着老妈脚背亲一亲，
莫一老妈摸花狗，
见狗如见人：
“老花哟老花，
我儿还在哪个山头？
神竹全被糟蹋了，
叫他回来捡竹蔸！”

山边刮来一阵风，
寨口飞来一匹马，
莫一夫妻回山寨，
两双大手扶老妈：
“老妈哟，究竟发生什么事？
为何双眼溅泪花？”

莫一妈双手颤巍巍，
手摸儿子摸儿媳：
“没人性的兵勇把神竹全砍掉，

你们快快赶回去!”

莫一夫妻骑飞马，
目睹竹林惨状泪直流，
青翠欲滴的竹林哟，
变成了一片焦土!
莫一拳头捏出火：
“暴君奸臣定要除!”

达巧含着眼泪，
搀扶着气炸肺腑的丈夫；
夫妻双双跪大地，
悼念神兵神将和焦土!

大花狗迎面跑过来，
伸着暗红色的长舌头，
舔舔主人脚面上，
衔着裤管向东走。

来到东边园角定睛看，
有蔸青竹免过刀火之灾。
他用双手握紧竹，
“嗨呔”一声拔上来!
削去枝叶和根茎，
便是弓箭好料材!

一株青竹五尺长，
摆在树下茅棚旁；

牛筋做弦绑青竹，
青竹变成弯月亮！
神弓制成莫一喜，
连夜爬上白云山，
砍下三棵青冈树，
爬过九道大山梁，
青冈木做成三支箭，
精炼箭头借用日月之光，
精制箭翎选用天鹅毛，
精烙红字神箭上。
“莫一大王之箭”六个字，
日日夜夜闪红光！

红日未露脸，
莫一骑马上高山，
背着一副神弓箭，
来到白布天桥上。
练射箭来练舞刀，
一连练了半年长。
十八般武艺练精了，
武艺绝顶天下无双！

西坳托夕阳，
两行大雁飞过头顶上，
莫一举弓射神箭，
一只大雁落山旁：
左右两眼一箭穿，
围观乡亲齐赞扬！

莫一张弓又射箭，
朝着雁尾射过去，
只听飞雁“呀”的一声叫，
双翅垂垂落下地，
屁股嘴巴一箭穿，
众人高举大拇指！

红日爬东山，
朝霞满天飘，
映红群山，
映红天桥。

莫一披彩霞，
屹立白布天桥上，
双手拉紧神弓箭，
第一支神箭射北方！

北方天边滚过一阵惊雷，
北方天边燃起一团烈火，
云裂天开“呼呼”直响，
神箭飞过护城河。
神箭闯开第一道宫门，
两扇红门起大火，
神箭深深插在门框上，
吓得卫士直哆嗦！

众卫士七手八脚把箭拔，

拔下神箭报皇上；
皇帝接过神箭手发抖，
“莫一大王之箭”六个大字闪红光！

皇帝双眼似铃铛，
说话声音震天响：
“这贼心未死蛮民头，
我要送你见阎王！”

莫一大王挺胸脯，
屹立白布天桥上，
他又拉紧神弓箭，
第二支神箭射北方！

北方天边又滚过一阵惊雷，
北方天边又燃起一团烈火，
云裂天开“呼呼”直响，
神箭飞过护城河，
神箭闯开两道宫门，
两道宫门起大火，
神箭深深插入宫墙上，
吓得卫士直哆嗦！

众卫士七手八脚把箭拔，
使尽吸奶之力没拔下，
老衙役扛来大铁锄，
左锄右锄拔掉它。
兵勇拿着飞箭报皇帝，

皇帝魂飞魄散眼发花。
“噢！又是‘莫一大王之箭’，
总有一日我要绞死他！”

红日升起九丈高，
皇帝床上伸懒腰；
宫女捶背他不要，
舞女逗他他不笑。

宫女端来金面盆，
金盆放在金架边；
金盆热水冒热气，
美女动手盥龙颜。

皇帝急忙摆摆手：
“寡人需要见阳光，
岂能终日呆室内，
天井盥洗晒太阳！”

两位宫女扶皇上，
皇帝端坐天井旁；
六位舞女到天井，
舞步翩翩歌声嘹亮，
皇帝眉开眼笑心痒痒，
抱着舞女贴身旁。

莫一昂首挺胸膛，
屹立白布天桥上，

他又拉紧神弓箭，
第三支神箭射北方！

北方天边又滚过一阵惊雷，
北方天边又燃起一团烈火，
云裂天开“呼呼”直响，
神箭飞过护城河，
神箭闯开第三道宫门，
吓得众卫士直哆嗦！

皇帝坐在金盆前，
宫女帮他盥龙颜；
忽然“哐当”一声响，
神箭射翻金盆底朝天！

一盆热水泼满地，
皇帝晕倒天井边，
口吐白沫手脚抖，
吓得宫女叫连天！

皇宫大乱，
群臣无首，
人心惶惶，
四处奔走！

第二十二章 洞中造兵

一轮红日，
徐徐东升；
朝霞似一幅宽阔的油画，
挂在天边罩住山林。

千年古榕下，
莫一大王带领众兄弟——
壮家军追杀“皇朝兵勇”，
正在练习比武显高低。

壮家军取来锅灰粉，
将“皇朝兵勇”画成一个个丑相：
有的像虎豹，
有的似豺狼，
有的如花猫，
有的好比挡道的螳螂。

莫一大王高举大砍刀，
带领壮家军冲杀而上，
杀声震天响，
“皇家军”抱头鼠窜喊爹叫娘。

威武的壮家军穷追猛打，
丑相百出的“皇家军”东歪西倒；
壮家军将“皇家军”按倒在地，
“兵勇”一个个叩首求饶。

壮家兄弟恨透朝廷，
复仇的火焰在心中燃烧，
他们高举闪亮的砍刀，
要把“兵勇”的狗头砍掉！

莫一大王挥手忙制止：
“住手！这是练武比高低，
不要假戏真唱，
不许杀伤自家兄弟！”

莫一大王领着众兄弟，
再来一场比武练习——
扎草人扮成“皇朝兵勇”，
练射箭提高武术。

一个个草人挂在榕树上，
“嗖，嗖，嗖”的飞箭射向“敌人”：
有的射破“敌人”的狗眼，
有的射透“敌人”的狗心，
有的射穿“敌人”的屁股，
大伙笑得十分开心……

壮家一位小兄弟，

跌跌撞撞奔上来：
“莫……莫一大王，不好了，
皇朝兵勇打进我们的村寨!”

莫一大王登坡眺望，
只见北边不远处，
烟尘滚滚，
遮天蔽日，
兵呼马啸，
杀声震地。

有些兄弟手忙脚乱，
莫一大王挥刀应战：
“敌人来一百我们杀他五十对!
敌人来一千我们灭他五百双!”

朝廷兵勇潮水般涌来，
莫一挥刀竖劈横扫杀声震群山；
只见他左右开弓，
浴血奋战敌尸遍野。
领众杀开一条血路，
冲出敌兵重重包围圈。

莫一挥手来指引，
众兄弟分头强占各个山林；
皇家军班师回朝报功去，
庆功领赏碰杯齐畅饮。

皇家军班师回朝后，
莫一大王登上龙王山，
复仇火焰烧心底，
石上磨刀“霍霍”响。

莫一大王显身手，
洞中造兵志不移，
挥刀割下龙须草，
龙须草连片铺满地。

莫一大王忙了九天九夜，
龙须草割了九十九担，
统统运到龙王岽，
扎兵扎马扎神将。

莫一心灵手巧，
扎人像人本领高：
有的舞长剑，
有的挥大刀。
扎马像马马会跑，
马尾长长马头高；
四蹄奋飞“嘚嘚”响，
战马昂首齐呼啸！

莫一大王忙了六六三十六日，
莫一大王忙了六六三十六晚，
造成六六三万六千个神兵，
造成六六三百六十个神将，

造成六六三万六千匹战马，
神兵神马都在龙王洞里藏！

山村深夜静悄悄，
山虫山鸟睡得香；
唯有树下茅棚里，
透出一丝泛黄的灯光。
达巧灯下打草鞋，
首首情歌心中唱。

“久不打鸟念山林，
久不打鱼念江河，
久不进园念韭菜，
久不进山念情哥！”

“脚勾麻线手来搓，
打双草鞋送给哥；
哥穿草鞋爬山岭，
斩尽虎豹家安乐！”

巧妹情歌未落音，
门外传来“笃笃”声：
“巧妹巧妹哥回到，
快快给哥来开门！”

竹门“咿呀”响，
莫一跨入屋；
笑眼望笑眼，

泪珠碰泪珠。

达巧顺手添松明，
郎君容颜看得清：
郎君颧骨凸高了，
郎君眼眶凹得深，
郎君双鬓添银丝咧，
郎君眼角多皱纹，
郎君衣衫宽松了哟，
阿妹好似箭穿心！
阿妹肝肠如刀绞咧，
阿妹泪珠湿衣襟！

达巧泪眼望情哥，
首首情歌表心意：
“大锣敲多声会哑，
好马跑久也伤蹄。
哥在深山常受苦，
妹在家中泪滴滴。
山中无粮谁来送？
山中无粥谁来煮？
黑夜长长何时了？
深山受苦有谁知？
山寒水冷多保重哟，
天长地久做夫妻！”

“妹莫忧，
吃了红薯有芋头，

红薯芋头吃完了，
山下小米又钩头。”

妹莫忧，
黑夜长长有尽头，
来日皇朝捣翻了，
自给自足乐悠悠！”

“莫轻心，
虎豹仍藏在山林；
毒蛇还躲在深洞，
时时磨牙要咬人。
‘美人蛇’天天带兵勇，
东山找来西山寻，
一心专找哥打斗，
抓不到哥不甘心。”

“哥不怕，
哥吃秤砣铁了心，
石磙砸头头不碎，
万箭穿心心不惊！

哥不怕，
不怕毒蛇来咬人，
来日把蛇抓到手，
剥它皮来剐它心！”

儿归母喜心欢畅，

“骨碌”一声下竹床，
颤巍巍的双手把儿摸，
手发抖来音打战：
“老母日夜盼儿归，
不见儿归妈心慌；
今日儿归何日走，
讲到分离泪两行，
我儿我乖多保重，
打尽豺狼回山庄！”

莫一帮妈擦眼泪，
声声安慰妈放心：
“儿今山里造兵马，
捣翻皇朝就回村！”

窝里母鸡叫“咯咯”，
老母双手摸鸡窝；
一摸摸到儿媳手：
“你也想来把鸡捉？”

“莫一哥哥太劳累，
炖鸡补身多健壮，
补好身体爬山岭，
打尽豺狼好还乡！”

黑夜沉沉，
群山茫茫，
大花狗冲进又冲出，

狂吠声声震茅房。

莫一握紧大砍刀，
听到棚外有动静；
借着竹门缝隙处，
窥见棚外有黑影。

达巧指桑骂槐打花狗：
“你这蠢货无用场，
棚外无虎又无豹，
为何闭眼瞎发狂？
你看这砍刀利不利？
豺狼见了也发慌！”

莫一石上敲砍刀，
“哐当，哐当”震茅房；
棚外豺狼闻刀响，
低头低脑全溜光！

“寨外风声紧，
洞中造兵要加强；
再割九天九夜龙须草，
再造兵马九百三。
练兵练马要加快，
日日夜夜洞中忙。
七七四十九天内，
不许任何外人入龙山！”

“老母有我来照料，
家务万事我承担；
你日常生活谁料理？
我为夫君心中烦。”

“洞中造兵是大事，
日常生活我自理；
送饭送菜靠花狗，
你们千万要保密！”

说狗狗就到，
花狗叫“汪汪”，
花狗也懂人间事，
低声“呜呜”绕身旁。
花狗伸出长舌头，
舔舔莫一脚背上，
一连舔三下，
昂首叫“汪汪”：
“主人你放心，
重担我承当！
风雨全不误，
饭热菜也香！”

公鸡“喔喔”啼五遍，
东山山头泛银光，
晨星眨眼隐退去，
百鸟啁啾枝头欢！

老母手捧一团竹壳饭，
塞进儿子黑布袋，
母子四手紧相握，
千言万语在心怀！

达巧拦腰抱夫君，
甜言蜜语笑眼中，
三双草鞋腰间挂，
心对心来胸贴胸！

莫一握手别亲人，
飞马飞飞越长空；
千山万岭都飞过，
直直飞进龙王岸。
洞中日夜造兵马，
人欢马叫乐无穷！

第二十三章　狗的奥秘

一只白额花狗，
蓬松的尾巴卷向左方，
乌溜溜转的双眼挺有神，
脖颈下挂个铃铛。

花狗日夜坚守山洞旁，
眼观四面耳听八方，
有时蹲在洞口边，
有时跑到山坳上。

晌午时分，
莫一大王走出山洞来歇凉，
花狗伸出暗红长舌头，
舔着主人的脚面上。

莫一大王拿出一团糯饭，
送到花狗嘴旁，
它把糯饭一口吞下，
点头示谢“呜呜”作响。

莫一将花狗摸了又摸，
转身回洞造兵忙；

大花狗竖起尖耳朵，
坚守在龙王坳口上。

忽闻山下“叭”的一声响，
一只腿伤的山猪冲到山坳上；
猎手紧紧尾追来，
大花狗上前拦阻叫“汪汪”。
颈下铃铛“叮当”响，
紧急讯号洞中传。

带伤的山猪逃命奔下坳，
猎手追赶下山冈，
花狗步步为营来拦阻，
猎手受阻欲发狂：
“你若把它放跑了，
定要将你剁成肉酱!”

懂事的花狗飞奔去，
把受伤的山猪来阻拦；
山猪转头又往坳上跑，
猎手挥刀响“叮当”。
花狗前面堵，
猎手尾追忙，
前后来夹攻，
砍倒山猪在山旁。

猎手砍下山猪一条腿，
提着猪腿到洞旁，

欲入洞中谢主人，
花狗拦住叫“汪汪”。
猎手只好将猪腿交给狗，
他扛着山猪下山冈。

花狗叼着猪腿，
匆匆来到山洞旁；
莫一大王来迎接，
伸着拇指来赞扬：
“老花老花真本事，
忠于职守保江山！”

花狗兴冲冲，
回到老茅棚，
绕着达巧“呜呜”唤，
要给主人把晚餐送。

达巧见花狗，
低头念郎君：
“阿花哟阿花，
主人为何不回村？
莫不是扎兵扎马忙不开？
莫不是遇到难处不遂心？
莫不是需要我去做助手？
需要帮手就出声。”

花狗望着主人点点头，
伸出长舌舔舔主人手，

达巧看到花狗这般高兴劲，
一切烦恼抛后头。

晚餐包在围巾里，
吊在花狗肚皮下；
山高坡陡它不怕，
五尺山沟一步跨。

花狗背饭到山林，
林中闪出一个人，
长长黑发拖地走，
黑衣黑衫像幽灵。

她的双眉像卧蚕，
一对鼠眼溜溜转；
螺蛳肚里十八拐，
她的肠肚十九弯。

百步毒蛇毒如虎，
她心狠手辣赛豺狼；
利人好事不沾手，
害人诡计记心肠：
“嘿！这只花狗鬼精灵，
莫一爱狗像爱娘，
花狗日日身边绕，
帮他守门守山冈，
他跟朝廷打败仗，
日日夜夜山里藏。

他躲在深山数十日，
有谁为他送米粮？
莫不是它腹下吊的是饭菜？
莫不是‘奥秘’腹下藏？
‘解密’就要解到底，
立功良机岂能轻易放？”

她跨上一步将狗拦，
花狗警觉叫“汪汪”：
“花狗花狗你别怕，
糯饭香肉任你尝！”

她急忙走到狗跟前，
花狗把她咬倒在山旁，
她脸变土色脚打抖，
呆坐山边泪两行。

花狗见她狼狈相，
左拐右弯潜入龙王山；
“美人蛇”心怀鬼胎施毒计，
隐入山林暗盯上。

她窥见花狗钻入龙王洞，
狗的“奥秘”牢记在心上；
连夜赶到县城里，
县衙的大鼓震天响。

午夜大鼓响“咚咚”，

衙役老人忙爬起，
白发老人来发问：
“为何午夜把鼓击？”

“美人蛇”扭着黄蜂腰，
她把秋波频频送上：
“我有急事要禀报，
让县太爷登公堂！”

县太爷正襟危坐在公堂，
惊堂木敲得“噔噔”响：
“妇道人家有何事？
胆敢深夜扰公堂？”

“美人蛇”露着两排白牙齿，
秋波频频来送上：
“我发现花狗的‘奥秘’，
‘奥秘’就在花狗腹下藏！”

县太爷连敲三声惊堂木：
“谁跟你说狗说猪，
三更半夜闯公堂，
你真不怕狗头丢？”

“美人蛇”抬头笑嘻嘻，
禀报太爷好信息：
“莫一大王就在龙王山洞里，
整编兵马等战机！”

县太爷听到好信息，
心里好似灌蜂蜜；
双手扶起“美人蛇”：
“喝盅香茶慢慢叙！”

“美人蛇”扬眉送秋波，
娇声娇气来述说：
“为了摸到真信息，
夜卧山林身哆嗦！
花狗仗着主人势，
硬要把我崽里拖，
几乎将我撕成片，
巧施妙计方脱壳。
知道莫一藏深崽，
不知躲在哪个坡？
还得利用大花狗，
花狗引路把他捉！”

县太爷设宴来款待，
山珍海味摆满桌，
他高举酒杯来示谢，
“美人蛇”嘴边露酒窝。
她手里拿着一包石灰粉，
半片朱唇贴紧太爷的耳朵：
“明日调龙换凤能否去？
恳请太爷来定夺！”

县太爷兴冲冲，
对着兵勇显尊容：
“明日调龙换凤去，
不许失败要成功！”

烈日当头照，
花狗离茅棚，
腹下依然吊个黑布包，
沿着崎岖山道进寨中。

“美人蛇”带着兵勇早埋伏，
看见花狗齐冲上，
擒住花狗夺布包，
包里糯饭腊肠喷喷香。
兵勇闻香咂咂嘴，
垂涎吊下三尺长！
你争我抢吃完了，
石灰代饭包里藏，
石灰布包吊在狗腹下，
放下花狗进寨场，
石灰布包穿个洞，
一路撒灰白茫茫。
花狗改道进山寨，
石灰露白到洞旁。

龙王洞中造兵马，
莫一大王要打硬仗；
谁知秘密被泄漏，
皇朝派兵剿南蛮。

第二十四章　崽中激战

烈日当空，
万里无云，
马蹄“嘚嘚”，
自远而近，
烟尘滚滚，
笼罩山林。

皇家兵勇，
如蚁似蜂，
团团围住龙王崽，
围得水泄不通。

龙王洞里，
开阔平坦；
站着一排排草兵草马，
成千上万。

莫一大王，
屹立巨石上，
他昂首挺胸，
多么威武雄壮！
俨然似一位身经百战的大将，

正在检阅兵马准备奔赴战场。

他走下巨石，
摸摸草兵，
摸摸草马，
他给兵马亲了又亲。

他笑对千兵万马，
挥手示意：
“养兵千日，
用在旦夕，
敌军打来，
诸位出力！
歼灭皇军，
树我大旗，
让我壮家山寨，
永过平安幸福之日！”

懂事的草兵草马，
一一点头示意；
大王满怀信心，
高举火红的战旗！

“汪汪”狗吠声，
一阵急过一阵；
大王深知有急事，
忙向洞外急奔。

白额花狗，
冲到洞旁，
绕着主人，
“呜呜”作响，
张开大口，
衔着主人的裤管，
左拉右扯往外拖：
“快快杀出去避开大灾难！”

莫一大王立刻登上山头，
窥见龙王岸口有伏兵，
窥见龙王山下有战马，
战马“咴咴”在嘶鸣……

莫一大王入山洞，
一碗清水捧手上，
汲了一口清水喷过去，
草兵草马能动弹。

他汲第二口清水，
又喷在草兵草马身上，
草兵草将舞刀棍，
草马扬蹄“嘚嘚”响。

他汲第三口清水，
又喷在草兵草马身上，
草兵草马全活了，
杀气腾腾要奔赴战场！

莫一大王高举火红的战旗，
跨上飞马牛角号声声响，
“嘟呜——嘟呜——嘟嘟呜——”，
阵阵响声震撼龙王山。
这鼓舞人心的号声啊，
在群山中回荡！

神兵神马冲入敌阵，
挥刀舞剑砍杀敌兵；
敌兵纷纷倒地，
抱头鼠窜惨叫不停。

莫一大王拉满神弓，
“嗖”的一声巨响，
一支神箭往前飞，
射中九十九个敌兵倒山旁：
有的被射穿双眼，
有的被射穿胸膛，
有的被射碎狗头，
有的被射穿肚肠，
横尸遍野，
血染山冈。

朝廷兵勇，
闻风丧胆，
抱头鼠窜，
不敢靠近大王。

当官的欲擒莫一大王，
想拿他的首级报功领赏；
命令众兵重重围困，
千万支利箭射向他的胸膛。

只见莫一大王，
忽而腾空，
忽而落地，
利箭反射敌兵的心胸！

敌兵束手无策，
大王抡起千斤砍刀，
劈头盖脑砍去，
敌兵夺路而逃，
他挥刀横扫九圈，
九百九十个兵勇被砍倒，
尸体像草捆纷纷滚下坡，
横七竖八填满九条山槽。

皇朝兵勇步步败退，
神兵神马步步追击，
万箭齐发，
万刀乱劈，
敌兵尸体摆满岸，
敌兵的鲜血染红山溪。

傍晚时分，

朝廷援兵赶到，
龙王峁里挤满黑压压的敌兵，
杀声震天要把龙王山砍倒。

打了九个回合，
草兵草马自觉体力不足，
只因养兵不到七七四十九天，
期限只差一日——
底功不足，
久战不能坚持，
弱不敌强哟，
纷纷昏倒在地！

神兵神马倒地，
莫一心痛如刀绞；
复仇火焰烧心底，
他咬牙切齿挥砍刀，
左劈右砍手不软，
连片敌尸山下倒。

莫一孤军作战，
敌兵气焰嚣张：
“你乖乖放下砍刀，
我们已布下天罗地网，
许你插翅飞不了，
你想活命就举手下山冈！”

敌兵像蚁群般围过来，

莫一大王把手伸入布袋中。
猛抓玉米粉，
接二连三抛撒上天空。
霎时乌云翻滚，
黑雾蒙蒙，
天地间混沌一片，
敌我不分喊打喊冲！

越打越激烈，
越打眼越红，
血流如洪水，
尸倒满山岽。
喊声哭声连成片，
声声回荡群山中。

敌兵相互残杀，
莫一大王设下巧计：
他解下头巾握紧一端，
另一端向高高的山尖抛去，
那山尖好似一头听话的水牛，
乖乖把头低；
大王骑马上山去，
山尖又竖直。
他把长长的头巾绕山顶，
高高的天桥山间立。
他拉紧神弓射神箭，
居高临下歼顽敌。

皇朝兵勇无能耐，
蹲在山下把头低，
九天九夜过去了，
个个兵勇像瘟鸡。

士气低落差官急，
挖空心思设诡计：
金牛金马抬来了，
又抬来金猫和银鼠。

差官抬头望山顶，
口口声声喊莫一：
“莫一莫一你莫妖，
快快归顺我皇朝，
金牛金马任你选，
金猫银鼠任你挑！”

差官喊声似破锣，
破锣声声无回响；
“嗖”的一声耳畔过，
一支利箭插在高台上，
这是莫一大王的回音，
吓得兵勇魂飞魄散。

十位美若天仙的舞女，
姗姗来到龙王山下，
舞步翩跹歌声婉转，
岽里平添十朵牡丹花！

差官看到这般情景，
满以为可把大王的心倾倒，
他仰起西瓜头朝山上大喊，
好似一面破锣震天敲：
“莫一莫一你没妖，
快快归顺我皇朝，
放下砍刀和弓箭，
美女任你抱！”

差官响起破锣声，
过了好久没回音；
只听“嗖”的一声响，
飞箭射穿一条彩裙。

被射穿彩裙的小舞女，
三魂七魄不附体，
双手哆嗦脚打绞，
面色铁青双眼闭，
口吐泡沫昏死去，
忙抬舞女去求医。

一计未成生二计，
皇上亲自出主意：
抬来一顶大花轿，
轿顶摆着大玉玺：
“莫一莫一你莫妖，
快快归顺我皇朝，

让你当皇掌大印，
坐享天禄多逍遥！”

声音像洪钟，
意志似铁坚，
莫一立山顶，
挥舞大铁拳：
“壮家意志比石坚，
不贪财宝不贪权，
桃色美女不贪恋，
与民同乐心才甜！”

山巅飞来一支箭，
飞箭直把轿顶穿，
玉玺碎成四小块，
兵勇昏倒龙王山！

第二十五章 泉边夜话

左手挽竹篮，
右手持银镰，
“美人蛇”拖着一条长辫子，
躲躲闪闪在山边，

忽而穿老林，
忽而爬高山，
忽而摘果挖野菜，
她目观四面耳听八方。

朝阳升起九丈高，
龙王岸里静悄悄：
莫不是皇家兵勇全撤退？
莫不是皇朝差官设圈套？

我要投石来问路，
先把牛角号来吹响。
“嘟呜——嘟呜——嘟嘟呜——”，
牛角号声在山间回荡。

莫一大王二次投石来问路，
手持弓箭屹立在山顶上；

朝着老林射飞箭，
树倒叶落“哗啦啦”响。

飞箭好似长了眼，
直直插在“美人蛇”的身旁，
她眼冒金星脸变色，
口吐泡沫身筛糠。
忽然晕倒老林里，
报功领赏难上难。

莫一大王连射三支箭，
龙王山下无反响，
只见惊飞林中鸟，
他大步“噔噔”下山冈。

口干舌燥欲冒火，
饥肠辘辘饿得慌：
“巧妹是不是忙做饭？
老母是不是身健体康？
乡亲们是不是都健在？
九十九个兄弟是不是安全回山庄？”

晕倒林中“美人蛇”，
苏醒过来坐树旁，
她揉揉双眼四周看，
看见莫一下山冈，
她如获至宝出山林，
匆匆来到衙门旁，

找来差官忙禀报，
一心报功要领赏。

龙王山下泉水清，
泉水晶莹润人心，
莫一大王伏在泉口上，
“咕噜咕噜”喝不停，
他饮龙泉水，
解渴常润心。

差官得知莫一下山后，
率领众兵进山岽，
龙王山下伏兵勇，
围得水泄不通。

喝足泉水心清凉，
大王擦汗坐山旁；
抬头遥见众兵勇，
重重包围龙王山。
他拉满大弓放飞箭，
箭箭射穿兵勇狗心肝，
兵勇尸体成片倒，
血流成河染红山！

差官挥刀冲上山，
众兵心惊也跟上，
四面包抄围得紧，
追杀声声震天响。

莫一大王舞砍刀，
怒火熊熊心间烧，
竖劈横扫八九下，
皇家兵勇成片倒。
众兵成为刀下鬼，
伤兵抱头四处逃。

皇朝援兵又赶到，
山下兵勇黑压压，
山上山下重重围，
高呼要把莫一抓！

莫一大王拉神弓，
三支神箭射敌兵，
一箭射倒九百五，
杀开血路入山林。

敌兵追入山林中，
莫一射箭箭囊空。
抽出腰间长宝剑，
刺倒众兵血染红，
血剑地上画大圈，
双脚一跺现深洞，
深洞变成大泉眼，
泉水奏琴响“叮咚”。
莫一大王跃入泉眼里，
战歌阵阵飘长空！

差官兵勇围泉口，
紧锁双眉低着头，
干瞪双眼干跺脚，
人人挨饿心发愁。

差官耳根贴“歪嘴”，
歪嘴兵勇献诡计；
“嘀嘀咕咕”说一阵，
差官点头好似鸡啄米。

山村之夜黑得快，
夕阳刚落夜幕便拉开；
山蛙鸣，流萤飞，山泉奏琴韵，
群山村寨全都投入黑夜的胸怀。

关竹门，
点松明，
达巧呆坐石桌边，
泪珠滴滴湿衣襟。
半碗稀粥喝不下，
日夜念夫操碎心。

“梆梆梆”的敲门声，
一阵更比一阵凶；
竹门“哗啦”撞开了，
拥进一群狗兵勇。

七手八脚抓达巧，
连夜押到泉边来；
差官皮笑肉不笑，
对着达巧把口开：
“你对泉下来呼叫，
快叫莫一上岸来！”

达巧鼓眼对差官，
摇头摆手把口开：
“抓人放人朝廷事，
妇道人家管不来。”

差官咬牙把话发：
“快对莫一来喊话，
叫得莫一上了岸，
夫妻双双就回家；
执迷不悟来抵抗，
扔你下水喂鱼虾！”

“头断还有颈，
脚断还有筋；
砍头我不怕，
我要救郎君！”

硬的手段她不受，
金银财宝来攻心，
抬来绸缎十五匹，
百两黄金千两银。

差官皮笑肉不笑，
对着达巧把口开：
“达巧好达巧乖，
快快叫你夫君上岸来，
金银任你要，
绸缎任你裁。”

达巧吐口水，
对差官冷笑：
“金银我不贪，
绸缎我不要！”
她把绸缎撕成片，
直往空中抛，
她把金银撒下泉眼里，
冷笑声声怒火烧。

差官手持刀，
逼着达巧喊，
双刀架在颈，
不喊刀就砍：
“我叫一二三，
你就把话喊，
叫莫一上岸，
夫妻把家还！”

“头断还有颈，
树断还有根，

要我唤郎上岸来，
除非河水倒流日西升！”

“你年岁还轻路长长，
前思后想理应当；
对着泉眼叫两句，
带着郎君回山乡！”

“河边不断沙，
天边不断云；
要我害丈夫，
除非江河断沙天断云！”

差官叫来人，
拿来十根针，
口口银针五寸长，
外加一条牛皮绳。

牛皮绳哟韧又韧，
把她手指绑得紧；
在她手指指甲下，
狠狠插下长银针。

银针猛一插，
鲜血流不停；
染红她手臂，
染红她衣襟！

她眼泪不落眉不皱，
如豆汗珠挂额头；
她咬牙切齿“咯咯”响，
殷红鲜血嘴角流！

兵勇没人性，
十根长针全插完；
脚底鲜血积成坑哟，
达巧昏倒泉水旁！

兵勇拖走儿媳，
儿子躲在深山，
他们能否平安过？
妈躺竹床心不安。

脸上皱纹泛泪花，
彻夜盼儿快回家，
儿是老母心头肉哟，
双眼为儿哭到瞎。

忽闻竹门响，
我儿回到家，
摸黑开门去，
谁知闯进大冤家——
五个兵勇冲进棚，
挥刀舞棒吓老妈，
五花大绑拖她走，
拖到泉边叫跪下。

差官狡黠笑一笑：
“母盼儿归良机到，
只要你对泉口喊，
莫一上岸把你抱，
母子团圆回家乐，
新账旧账全勾销！
不信你把圣旨看，
写得明白做得到！”

莫一老母忙摇头，
长吁短叹声连声：
“从小跟着牛屁股，
斗大个字不识半升。”

“你不识字不紧要，
手捧圣旨念你听。”
差官双手捧圣旨，
字字句句念得清：
“朝廷下告示，
百姓照执行，
遵法守纪好，
天下方太平。
叫你儿上岸，
重新做好人，
新账旧账全勾销，
国泰民安乐升平！”

莫一老母夺圣旨，
冷笑声声开了腔：
“你想把账销？
你想不算账？
呸！新账旧账不能销，
血债要用血来还！”
她把圣旨撕粉碎，
碎纸纷纷落泉旁！

差官头顶能点火，
唤来兵勇到身旁：
“给她九十九大板，
送她见阎王！”

兵勇抡起大板子，
板板打在她身上，
白发苍苍的老人哟，
半声不吭昏倒泉水旁。

皓月落下泪，
钻入云中藏；
星星眨泪眼，
彻夜不闪光；
山泉也哀怨，
泉口泪汪汪；
山花也掉泪，
花瓣落满山；
猿猴也哀叫，

哀叫声声震山冈；
山鸟也悲唱，
悲歌曲曲绕山梁。

群山沉睡了，
流萤闪绿光；
泉边静悄悄，
兵勇林中藏。

莫一老妈渐渐苏醒，
达巧手脚也慢慢动弹；
儿媳给婆婆擦干泪，
婆婆给儿媳抹干汗。

婆媳看到泉边静悄悄，
两人慢慢把心事聊——

“儿媳啊，你遍体鳞伤妈心痛，
怒火在妈心间烧！”

“妈啊，你年老多病受折磨，
血债要用血来还！”

“双刀架颈志不移，
砍头好比风吹帽！”

“五雷轰顶不动摇，
天塌当它瓜棚倒！”

"威胁利诱心不动，
守口如瓶记心中！"

"金猫银鼠也不贪，
一心要救我情郎！"

"怕就怕抓来大花狗，
花狗哀叫我儿断肝肠……"

林中暗藏"美人蛇"，
眼观四面耳听八方；
忽闻说到大花狗，
诡计涌上她心房。
急忙禀报皇军去，
夜拖花狗到泉旁……

莫一大王潜入泉水底，
随着泉水游到海龙宫，
龙鱼龙虾来朝拜，
世间烦事抛入大海中。

大王骑上龙鱼游龙宫，
宫中一游世上过三日；
泉边桩桩悲惨事，
莫一大王全不知。

杀父之仇尚未报，

除暴斩奸志不移；
跳下龙鱼往回游，
一游游回泉水底。

花狗来到泉水边，
寻觅主人叫“汪汪”，
狗官狗兵举刀剑，
要害大王在泉旁。

狗叫声声传水底，
莫一误认花狗把信传；
他悄悄冒头出水面，
差官挥剑闪寒光！

毒剑横斩脖颈断，
一条血柱喷长空；
莫一大王首级入九霄，
血洒太空满天红！

云霄传下洪钟声：
“皇家狗兵听端详，
想要我首级去领赏，
白日做梦想得香，
饿狗想吃天鹅肉，
小心狗脑洒壮山！”

这洪钟般的声音，
在天空中回荡，
在大地上翻滚，
在群山中回响——

吓碎了皇家狗兵的心，
吓破了皇家狗兵的胆，
皇家狗兵打哆嗦，
皇家狗兵身筛糠！
皇家狗兵脚打绞，
纷纷昏死在山旁！

这洪钟般的辱骂声，
在天空中回荡，
在大地上翻滚，
在群山中回响——
山上猿猴也高兴，
狂叫声声来鼓掌；
山鸟啁啾来歌唱，
曲曲欢歌赞大王；
山泉叮咚弹琴韵，
娓娓琴音绕群山，
木棉欢乐满树花，
高擎红灯闪闪亮；
河中红鲤也狂乐，
高跃水面闪红光！

皇家狗兵勇，
呆立泉水旁，
受饥又受渴，
官兵不耐烦，
挨笑又挨骂，
头低脸无光，
班师回朝悠悠去，
心惊胆战离壮山。

第二十六章　重返壮山

一阵“呼啦啦”的旋风，
从泉边旋到山脚；
从山脚旋到山顶，
枯枝败叶从云天中飘落。

旋风又从山巅旋到山脚，
从山脚再旋到泉边；
“呼啦啦”地旋个不停，
泉水涌上蓝天！

林中喧闹的百鸟，
崖上嬉戏的猴群，
都让旋风惊呆了，
齐向泉边凝望倾听。

旋风绕着泉口旋，
泉水浪高九丈多：
一个无头巨人浪尖站，
一个硕大的头颅云天落，
不偏不斜落在巨人脖颈上，
巨人昂头唱战歌！

“嚯”的一声巨响，
巨人从空中落在泉口边，
巨人究竟是何人？
猴群百鸟都缄口不言。

巨人双目炯炯有神，
他在泉边环视一圈；
不知他发现了什么宝贝，
“嗖”的一声快步如飞入林间。

他从林中提起一把大弓，
又拿起一把砍刀和绣花的箭袋；
他向天空射了一支神箭，
天边燃大火云散天开！

一把千斤砍刀，
高高举过头顶三尺，
三人合抱不过的香樟树，
他一刀就砍倒在地。

他拍拍胸脯，
胸脯像座山坡：
“功夫尚在，
还我山河！”

言谈举止非一般，
猴群百鸟心中欢；
莫一大王复活了，

春光又回到壮乡！

从此壮山山更美，
从此壮水水更甜，
从此壮家家家乐，
推翻皇朝乐万年！

莫一大王到泉边，
沿着泉口绕三圈，
对着猴群问一句：
"看见我的神马在哪边？"

崖上猴群在嬉戏，
忙对莫一把头点，
前脚齐向泉边指，
"咿咿呀呀"笑声甜。

莫一大王问山鸟：
"看见我的神马在何方？"
百鸟尖嘴指泉口，
"叽叽喳喳"唱不完。

"扑通"一声跳下泉，
清清泉水腾细浪；
莫一大王浪里找，
找到飞马喜若狂！

莫一一跃上岸来，

弓箭砍刀身上带，
骑上飞马穿云雾，
眨眼飞到壮山寨。

莫一飞回到山寨，
砍树青年拥上来，
好似相识又不识：
“请问巨人何处来？”

“我们都是一家人，
壮家兄弟一条心，
壮家兄弟手挽手，
斗天斗地斗朝廷！”

一群青年看得清，
他是壮家领头人，
莫一大王复活了，
天更明朗水更清！

莫一大王笑盈盈，
面对青年问一声：
“今年大树砍倒了，
明年树芽生不生？”

“今年大树砍倒了，
明年春风吹又生，
春雨霏霏枝头洒，
千株嫩芽长树根！”

“大树砍倒会重生，
人被砍头会复活；
人被砍头能否当皇帝？
请问在座后生哥。”

青年个个眨双眼，
左瞄右看看得清，
神采奕奕浑身劲，
莫一是壮家领头人！

壮家兄弟心中甜，
异口同声把话言：
“人被砍头复活了，
能当皇帝掌大权！
就怕刀口缺过不够利，
就怕遇难过后功力减。”

莫一搓手运运气，
一把大刀高高举，
三人合抱不过的香樟树，
“咔嚓”一刀倒下地！

一棵水桶粗的大椿树，
他双手紧抱把树拔，
连根拔起大椿树，
众人齐把大王夸！

天空传来“嘎嘎”声，
比翼齐飞天鹅鸣；
莫一遥指天上鹅：
“兄弟是否想尝新？”

“天鹅美味自古传，
人人都想来尝新，
大王功底若不减，
打下天鹅开开心！”

莫一拉圆大神弓，
一支飞箭射长空，
比翼齐飞双天鹅，
“嗖”的一声落山中。
一箭穿透四只眼，
四脚抖抖指天空，
四翅扑扑拍草地，
扭曲长颈断喉咙！

他脚尖踢起三巨石，
巨石飞起五丈高，
颗颗巨石千斤重，
接到手心往上抛。

三颗巨石空中抛，
颗颗巨石都接到；
好似三颗花生米，
抛接自如乐逍遥。

岸上猿猴看呆了，
双脚失足落树梢；
林中画眉点尖嘴，
赞扬大王武艺高！

壮家兄弟竖拇指，
异口同声赞大王：
“武艺绝顶大力士，
你不当皇谁敢当？
领我壮家众兄弟，
定把皇朝来推翻！
仇要报来冤要申，
家仇族恨岂能忘？
暴君奸臣定要斩，
血债就要血来还！”

大王告别众青年，
骑着飞马到园边，
园中传来哭声惨，
句句声声动心弦——

“皇家狗兵狗心肠，
三番五次打壮山，
壮家兄弟遭杀害，
弄得山寒水也寒，
搞得人心纷纷乱，
搞得家破人也亡！

连夜抓走我婆媳，
踢踢打打在泉旁，
打得婆媳昏倒地，
打得婆媳遍体伤。
儿媳年轻挨得过，
婆婆年迈怎能当？
三天卧床不下地，
五天不吃养命粮！
饿瘦一身皮包骨，
心操碎哟泪流干……

差官兵勇凶似虎，
花狗拖到泉水旁，
借打花狗把我夫害哟，
举起毒剑害我郎！

狗兵狗勇害我郎咧，
天旋地转倒山旁，
万支利箭穿妹心哟，
万把利刀割妹肠！
三天六夜不吃饭咧，
九日九晚泪不干！
泪穿竹床流床底哟，
床底泪坑变成塘！
泪塘不干养得鱼咧，
愿到阴间去找郎！
我郎身亡魂不散哟，
如今魂魄在何方？

踏遍青山妹去找，
去到阴间要结双！”

哀哀哭声震壮山，
悲悲长叹震大王，
莫一大王满脸泪，
哭碎心肝哭断肠！

他双手推开竹园门，
看见园角有堆坟，
坟前高竖一座碑，
碑文字字写得清：
“莫一大王之墓”六个字，
字字嵌入壮人心！
坟头飘着一束白纱纸，
坟前跪着一妇人，
一对红烛流红泪哟，
香烟袅袅绕新坟，
三杯淡酒浇坟地咧，
坟前妇人泪纷纷！
坟前泪人跪脱三层皮哟，
头撞墓碑声连声……

莫一大王飞步到坟前，
扶起爱妻泪涟涟：
“郎君如今复活了，
今日回到妹身边，
劝妹莫要再落泪哟，

苦尽甘来日子甜！”

莫一大王举镰刀，
割下一把红薯藤：
“如今薯藤被割了，
来日能否会重生？”

“薯藤十分容易生，
今日割了明日长，
新苗一天长九寸，
新苗要比旧苗壮！”

“薯藤割了长新苗，
人被砍头能否当皇帝？”
大王睁眼看达巧，
巧妹急忙把头低。

达巧经过细思量，
满怀信心开了腔：
“人被砍头复活了，
千年皇帝他能当！”

爱妻一席话，
夫君浑身力；
飞步跑到园外去，
连根拔起一棵红棉树。

他把坟地扒开了，

他把墓碑来清除；
夫妻双双挑粪水，
坟地种下红棉树！

古榕树下茅棚里，
莫一老母呆坐在灵堂，
她颤巍巍的双手选韭菜，
韭菜一把泪两行。
她用双膝来擦泪，
她在灵牌前给儿来烧香，
香烟袅袅绕茅屋，
浊泪滴滴盈眼眶：
“狗兵狗勇没人性，
你们的心肺喂豺狼！
你们的心肝狗叼走，
差官兵勇黑心肝！
你们举刀把我儿害哟，
你们凶过虎和狼，
来日抓住你们了，
剥你皮来吃你肝！

儿哟我的心肝好宝贝，
你如今魂魄在何方？
快回壮山带妈去，
母子团圆在阴间！”

莫一推开竹门，
双手扶起老娘；

儿帮老妈擦干泪，
儿的脸上泪两行：
“妈哟，你的儿子复活了，
亲儿回到妈身旁，
劝妈莫再哭，
劝妈莫悲伤，
父仇定要报，
暴君奸臣要杀光！”

老妈眼盲看不见，
用手将儿摸三遍：
“母子团圆妈心喜，
口吃蜜糖心中甜！”

莫一拿起韭菜看一看，
慢条斯理问老娘：
“韭菜今日被割掉，
明日韭菜长不长?”

“韭菜长得快，
今日割了明日长出来；
割了一茬又一茬，
新苗长不败！”

“韭菜割了长新苗，
新苗还比老苗长；
人被砍头了，
皇帝能否当?”

老妈听儿一席话，
心潮滚滚翻：
“人被砍头成鬼了，
皇帝怎能当？”

老妈一哭喊，
莫一断肝肠；
头颅突然落下地，
滚了九滚停落在厅堂！

老母眼虽盲，
心里却明白：
“儿哟，我的心肝宝贝，
你……你可千万别离开……”

颤巍巍的双手地上摸，
摸来摸去摸不着；
忽然摸到儿头颅，
好像利刀把喉割！
妈心碎哟妈肠断，
妈愿吊颈愿跳河！
妈愿割颈跟儿去，
母子同去茅草坡！
妈愿服毒跟儿走，
母子同路过阴河！……

达巧挑担红薯藤，

大步“咚咚”走入门；
忽闻棚里哭声惨，
心中明白八九分。
眼见夫君倒在地，
天旋地转头晕晕，
两眼发黑倒地上，
口吐白沫汗淋淋……

莫一老妈摸过来，
忙帮儿媳捏人中①，
又帮儿媳擦干汗，
儿媳双眼现条缝。
儿媳渐渐苏醒了，
莫一的头颅抱怀中。

郎君的头颅怀中抱，
怀中好似抱条龙；
妹用泪水洗哥面，
洗净双眼现笑容。

莫一大王像活人，
双眼溜溜转不停；
嘴巴张开第三次，
吐出一颗宝珠亮晶晶。

达巧忙把宝珠捡，

①人中是人体的一个穴位。

衣角擦擦更晶莹，
宝珠藏在衣袋里，
宝珠藏入妹的心！

摸摸怀中夫君头，
泪珠串串往下流，
揉揉夫君不瞑目，
心底话语口中出：
“夫君有话对妻说，
夫君有事尽吩咐！”

莫一大王像活人，
睁开双眼看娘亲：
“生我养我老阿妈哟，
愧对老母泪淋淋，
儿今匆匆上路去，
无法报答老母恩！”

老母痛哭成泪人，
老母愿死不愿生，
声泪俱下对儿说：
“我儿上路要安心，
我儿上路莫挂念，
儿走在前老母跟！”

莫一大王像活人，
眼看爱妻泪淋淋：
“达巧妹哟我爱妻，

劝你莫要再伤心，
笑送夫君上路去，
夫君话语记在心：
将夫头颅坛中放，
七七四十九天不见人，
七七四十九天才揭盖，
少了一天就不行！”

“夫君话语刻在心，
句句嘱托重千斤，
夫头装入金坛里，
金坛装入妹的心！
金坛安放妹床头，
日日夜夜伴郎君！”

第二十七章　灵堂祭歌

一只金坛亮幽幽，
金坛摆在妹床头，
一根青竹坛边靠，
飞马“咴咴”泪双流！

哥在坛里叹大气，
妹在坛边锁双眉；
一只金坛亮幽幽，
金坛摆在妹床头。

哥在坛里伸双手，
抚摸飞马解忧愁；
一根青竹坛边靠，
飞马“咴咴”泪双流！

阿哥灵坛摆在床，
两支蜡烛日夜光，
蜡烛同妹齐流泪咧，
手摸灵坛哭断肠。

棚中香烟雾漫漫哟，
烧尽纸灰绕屋梁；

阿哥灵坛摆在床，
两支蜡烛日夜光。

烛光映照达巧妹，
全身披白祭我郎；
蜡烛同妹齐流泪咧，
手摸灵坛哭断肠。

妹烧香哭灵哟，
见灵不见人！
做梦如同亲眼见咧，
醒来隔天又隔云。

有生不能长共枕，
死去愿与哥共坟；
妹烧香哭灵哟，
见灵不见人！

破开手臂栽红豆，
入肉相思难断根；
做梦如同亲眼见咧，
醒来隔天又隔云。

音容笑貌刻在脑，
哥的伟业记在心，
搬山造湖改天地，
斗智斗勇斩奸臣！

智歼外敌创伟业，
为国为民立功勋，
音容笑貌刻在脑，
哥的伟业记在心。

哥是壮家好儿子，
带领兄弟斗一生，
搬山造湖改天地，
斗智斗勇斩奸臣！

阿妹听到哥受害，
愿跟哥进地狱门；
没有你呀哥，
阿妹活不成。

自从阿哥进山去，
等哥夜夜坐五更；
阿妹听到哥受害，
愿跟哥进地狱门。

瓜靠藤来养，
妹靠哥来生，
没有你呀哥，
阿妹活不成。

达巧哭灵人心动，
震撼壮家众乡亲，
人人白巾白衣裤，

披麻戴孝哭亲人。

女的哭得喉咙哑，
男的血泪染衣襟，
达巧哭灵人心动，
震撼壮家众乡亲。

兄弟抬来红蓝酒，
姐妹捧来白布巾，
人人白巾白衣裤，
披麻戴孝哭亲人。

公鸡“喔喔”啼五更哟，
山鸟啁啾林中鸣；
乡亲端来一盆水，
要给英雄洗净身。

一条花巾长又长咧，
众擦灵坛泪淋淋；
公鸡“喔喔”啼五更咧，
山鸟啁啾林中鸣。

大王灵坛亮晶晶，
乡亲泪水日夜淋，
乡亲端来一盆水，
要给英雄洗净身。

喑水木盆装哟，

为大王净身，
净身梳妆好咧，
为大王招魂。

刀砍血淋淋，
冤死目不瞑，
唁水木盆装哟，
为大王净身。

生前音容在哟，
恩爱比海深，
净身梳妆好咧，
为大王招魂。

灵前乡亲泪汪汪哟，
边唱哀歌边擦坛，
灵坛擦得铮铮亮咧，
照见人影亮堂堂。

一把酒壶提在手，
三只酒杯摆灵堂；
灵前乡亲泪汪汪哟，
边唱哀歌边擦坛。

酒壶装满红蓝酒，
斟满三杯敬大王；
灵坛擦得铮铮亮咧，
照见人影亮堂堂。

唁酒杯连杯哟，
杯杯是红蓝；
众采红蓝草，
脚踏红蓝山。

红蓝泡糯酒，
谁知酒变酸；
唁酒杯连杯哟，
杯杯是红蓝。

壮家没大王，
想活难上难；
众采红蓝草，
脚踏红蓝山。

乡亲哭灵动天地，
飘飘白云把头低，
山泉呜咽泪不断，
山鸟悲鸣声凄凄！

壮山松涛声嘶哑，
青竹弯腰泪滴滴，
乡亲哭灵动天地，
飘飘白云把头低。

弯月挥泪藏入云，
寒星眨眼洒泪珠，
山泉呜咽泪不断，

山鸟悲鸣声凄凄!

达巧送走众乡亲,
又把祭酒床前洒,
三杯祭酒都洒尽,
步入厨房沏浓茶。

阿哥平生爱喝酒,
只爱美酒不爱花;
达巧送走众乡亲,
又把祭酒床前洒。

一把细茶撒入壶,
壶中滚水白花花;
三杯祭酒都洒尽,
步入厨房沏浓茶。

啗茶杯连杯,
杯杯是细茶,
细茶是妹亲手采,
叶叶都是新嫩芽。

为给细茶添香味,
妹才加进茉莉花;
啗茶杯连杯,
杯杯是细茶。

劝哥多喝两三口,

妹给阿哥唁浓茶，
细茶是妹亲手采，
叶叶都是新嫩芽。

达巧唁茶唱哀歌，
哀歌声声泪纷纷；
走进厨房蒸糯饭，
糯饭蒸熟香喷喷。

阿哥平生爱喝茶，
渴杯浓茶润润心；
达巧唁茶唱哀歌，
哀歌声声泪纷纷。

添把干柴灶火旺，
锅里泉水翻翻滚，
走进厨房蒸糯饭，
糯饭蒸熟香喷喷。

唁饭碗连碗哟，
碗碗五色分，
妹蒸五色饭，
夜夜起三更。

黄花是妹采，
糯饭是妹蒸，
唁饭碗连碗哟，
碗碗五色分。

分色不分心，
夜夜招冤魂，
妹蒸五色饭，
夜夜起三更。

达巧啃饭唱哀歌，
哀歌声声震心头，
忙入厨房生灶火，
给我郎君煮糖粥。

一团糯饭放坛顶，
给哥吃饱慢来收；
达巧啃饭唱哀歌，
哀歌声声震心头。

阿哥生平爱喝粥，
喝碗糖粥乐悠悠；
忙入厨房生灶火，
给我郎君煮糖粥。

啃粥碗连碗哟，
碗碗放糖油；
谁料糖油变酸醋，
阿哥先走把妹丢。

蜜蜂飞进蜘蛛网，
哥含冤死妹忧愁；

唁粥碗连碗哟，
碗碗放糖油。

盘古庙里发过誓，
同生共死甜到头；
谁知糖油变酸醋，
阿哥先走把妹丢。

达巧唁食唱哀歌，
曲曲哀歌心中出。
边点蜡烛边烧纸，
满脸泪水湿透衣。

哀歌一首连一首，
唱得高山把头低；
达巧唁食唱哀歌，
曲曲哀歌心中出。

烛光熊熊照亮路，
郎君上路把奸除；
边点蜡烛边烧纸，
满脸泪水湿透衣。

妹点蜡烛支连支，
支支蜡烛泪成溪，
妹剪纸钱片连片，
妹烧纸灰厚成尺。

喊哥哥不应，
招魂魂远离；
妹点蜡烛支连支，
支支蜡烛泪成溪。

哥为众民死，
丢下苦命妻；
妹剪纸钱片连片，
妹烧纸灰厚成尺。

香火炷连炷，
炷炷冒青烟，
双刀架颈心不变，
敢向阎王要团圆。

问过神来求过仙，
愿和哥魂共升天，
香火炷连炷，
炷炷冒青烟。

头断好比风吹帽，
坐牢好比坐花园，
双刀架颈心不变，
敢问阎王要团圆。

妹点蜡烛又烧香，
给我郎君点火光，
照亮我夫出征路，

暴君奸臣要杀光！

糯饭糯酒香又香，
我夫吃了好爬山；
妹点蜡烛又烧香，
给我郎君点火光。

爬山越岭杀官兵，
杀绝官兵好安邦，
照亮我夫出征路，
暴君奸臣要杀光！

日日夜夜守灵坛，
夜夜日日守空房；
想起郎君摸一下，
摸得灵坛亮光光。

灵坛亮亮像块镜，
照见阿妹不见郎；
日日夜夜守灵坛，
夜夜日日守空房。

妹的泪水像雨点，
点点滴滴落灵坛；
想起郎君摸一下，
摸得灵坛亮光光。

春想哥心碎哟，

夏想哥心凉；
秋想哥心冷咧，
冬想哥心僵。

喊哥哥不应，
魂魄在何方？
春想哥心碎哟，
夏想哥心凉。

半人半是鬼，
灵坛泪结霜；
秋想哥心冷咧，
冬想哥心僵。

哥是红河水，
妹是水中鱼，
如今河水干哟，
河鱼孤凄凄！

哥是银牙齿，
妹是嘴唇皮；
哥是红河水，
妹是水中鱼。

兵勇心太狠，
害我俩分离；
如今河水干哟，
河鱼孤凄凄！

一颗宝珠亮晶晶，
宝珠放在妹手心；
宝珠照见妹身影，
见珠好比见郎君。

眼看宝珠念亲人，
阿妹泪落湿衣襟；
一颗宝珠亮晶晶，
宝珠放在妹手心。

日见宝珠夜梦郎，
音容笑貌看得清，
宝珠照见妹身影，
见珠好比见郎君。

夫妻往事记得清，
件件桩桩印在心：
当年开荒在山岭，
木叶声声传真情。

阿哥赞妹唱得好，
唱得画眉落山林；
夫妻往事记得清，
件件桩桩印在心。

唱得鲤鱼跃水面，
唱得阿哥动了心；

当年开荒在山岭，
木叶声声传真情。

生不丢来死不丢，
除非白马变黄牛，
除非竹篙生嫩笋，
冷饭发芽也不丢！

鸟死鸟骨在青山，
鱼死鱼骨在深沟；
生不丢来死不丢，
除非白马变黄牛。

藤死树生缠到死，
藤生树死攀到头；
除非竹篙生嫩笋，
冷饭发芽也不丢！

当年送哥出征去，
手攀青竹泪汪汪，
一枝青竹千滴泪，
六月日头晒不干！

见妹流泪哥心烦，
哥掏手帕帮抹干；
当年送哥出征去，
手攀青竹泪汪汪。

送哥送到青竹山，
讲到分离泪两行；
一枝青竹千滴泪，
六月日头晒不干！

一条花巾长又长哟，
手捧花巾送给郎，
一头牵着妹心肺，
一头挂着哥心肠。

妹在灯下绣花巾，
九日九夜才绣成；
一条花巾长又长哟，
手捧花巾送给郎。

花巾藏着妹心意，
朵朵红花喷喷香，
一头牵着妹心肺，
一头挂着哥心肠。

一条花巾长又长哟，
花巾缠着哥灵坛，
哥若有灵闻一下，
朵朵红花日夜香。

日也念哥夜也念，
盼哥复活回壮山，
一条花巾长又长哟，

花巾缠着哥灵坛。

日孤单来夜孤单，
妹用花巾抱灵坛，
哥若有灵闻一下，
朵朵红花日夜香……

婆婆敲门“笃笃”响，
她要进屋摸灵坛；
达巧一时手脚乱，
宝珠吞下肚里藏。

婆婆哭碎心，
婆婆哭断肠，
婆婆敲门“笃笃”响，
她要进屋摸灵坛。

婆婆追得急，
儿媳心发慌，
达巧一时手脚乱，
宝珠吞下肚里藏。

婆婆进屋来，
劝媳莫伤心，
他已去世了，
人死难复生。

定要把冤申，

留命看仇人；
婆婆进屋来，
劝媳莫伤心。

海阔龙世界，
天高鸟腾云；
他已去世了，
人死难复生。

收眼泪哟媳，
泪往肚里流，
止哭声哟媳，
留身报大仇！

你若跟他走，
申冤谁筹谋？
收眼泪哟媳，
泪往肚里流。

海里起楼不怕浪，
水泡廊檐慢开沟；
止哭声哟媳，
留身报大仇！

宝珠落肚后，
达巧肚如瓢；
双脚日益软，
肚皮日益高。

灵堂烛常亮，
灵堂香常烧，
宝珠落肚后，
达巧肚如瓢。

达巧哭干泪，
心急如火烧；
双脚日益软，
肚皮日益高。

鸡啼五遍天快亮，
达巧昏倒灵坛旁，
“喔哇——喔哇——”哭声起，
阵阵哭声震灵堂！

婆婆闻声进灵堂，
又点蜡烛又烧香，
鸡啼五遍天快亮，
达巧昏倒灵坛旁。

达巧醒来抱乖乖，
心中甜过冬蜜糖；
“喔哇——喔哇——”哭声起，
阵阵哭声震灵堂！

第二十八章　皇宫大乱

东方泛起鱼肚白，
红日露脸在天边，
群山披红又挂彩，
家家屋顶冒炊烟。

古榕树下茅屋前，
达巧扫地笑声甜：
今日我家办喜事，
三亲六戚大团圆。

莫一儿牵奶奶，
蹦蹦跳跳来到妈跟前：
“阿妈吔，阿妈呀！
奶奶换了一双千里眼！”

莫一儿藏在石桌下，
叫声脆又甜：
“奶奶吔，奶奶呀！
看见小孙在哪边？”

奶奶睁双眼，
伸手把孙牵；

孙笑奶笑儿媳笑，
三碗冬蜜灌入三代人的心田！

奶奶揉双眼，
抬头望云天：
山鹰展翅飞，
飞入白云间！

奶奶望群山：
群山把头点，
崇山峻岭披绿绸，
绿浪滔滔拍蓝天！

今日莫一儿弥月，
设宴待众亲，
三亲六戚到，
树下坐满人。
有的送红蛋，
有的送抱裙，
有的送衣衫一套套，
有的送甜酒一坛坛。

莫一儿接过三碗甜酒，
一口一碗全喝光；
他又接下三只红蛋，
三只红蛋双手玩！

三只红蛋空中抛，

忽起忽落真好玩；
就像当年莫一玩巨石，
众亲异口同声赞。

莫一儿拍腿笑，
声似铃音绕山冈；
圆圆红脸桃花样，
一双酒窝嵌嘴旁。

一双剑眉两头翘，
虎豹豺狼也发慌，
双眼好比天星亮，
抬头照亮九重山。
两脚好似两根柱，
走起路来“咚咚”响，
音容笑貌接父亲，
千人夸来万人赞。

一碗糯饭香喷喷，
莫一儿直把口水吞；
奶奶给他盛一碗，
三扒两扒一粒也不剩。

一连吃了五大碗，
手摸肚皮跑去玩，
来到坛边端酒碗：
请妈倒酒给儿尝！

达巧捧酒坛：
“坛坛酒喷香，
坛坛红蓝酒，
给儿尝一尝！”

莫一儿一连喝三碗，
脸红好似火烧山；
奶奶心疼抱孙吻，
左脸右脸都吻完。

酒过九巡众人醉，
红云朵朵挂面庞，
划拳猜码声不断，
欢声笑语绕山梁。

弥月小娃似巨人，
胸脯挺挺像座山；
莫不是莫一复活了？
大王又回到我壮乡！

莫一儿搬来大神弓，
三支神箭在手中；
他昂首挺胸山头站，
双手拉满大神弓。

神弓好似大圆盘，
神箭搭在弓弦上；
只见他咬牙放飞箭，

神箭呼啸射北方。
北方天边燃起一团火，
熊熊烈火烧红云；
神箭飞到京城去，
护城河里死鱼群。
第一道城门如山倒，
惊呆城里守门人。

兵勇手脚直打战，
捧着长箭报皇上：
“莫一大王公子之箭”八个字，
个个大字闪银光！
皇帝“啊”的一声眼发黑，
手脚抖抖倒地上。

莫一儿挥手指北方，
第二支神箭射上天；
北方天边燃起一团火，
火焰熊熊红了天。

神箭飞入皇宫去，
射倒皇宫二道门；
宫廷熊熊起大火，
宫女妃子乱纷纷。

宫女捡起神箭报皇妃，
“莫一大王公子之箭”在上方；
只见皇妃眼呆呆，

浑身发抖倒地上。

莫一儿怒目瞪北方，
第三支神箭上了弦，
大弓拉成中秋月，
神箭呼啸飞北方，
北方天边起大火，
熊熊烈火烧红天，
神箭直飞金銮殿，
皇帝宝座底朝天，
金銮殿里大火起，
熊熊烈火映蓝天，
燃了九天又九夜，
皇宫处处冒黑烟。

“莫一大王公子之箭”八个字，
赫然刻在神箭上，
文武百官看清了，
相继晕倒在殿堂……

音容笑貌接父亲，
看在眼里记在心，
达巧走进灵堂去，
拿根青竹送亲人。

一根青竹三尺长，
青竹滑亮闪油光；
青竹置于儿胯下，

“咴咴”嘶鸣震山冈。
莫一儿轻轻拍三下，
飞马“嘚嘚”出茅房；
飞马飞上飞马岭，
飞马村上来盘旋。
盘来盘去转九转，
山欢水欢人更欢！

莫一儿轻轻拍飞马，
飞马悠悠落村中，
飞马又变青竹竿。
他捧青竹回茅棚。

他将青竹靠灵坛，
不慎撞歪灵坛盖；
坛里千军万马拥，
“嗡嗡”作响欲出来。

“嗡嗡”作响耳欲聋，
响声回荡群山中：
崖上猿猴齐鼓掌，
山泉奏琴响“叮咚”，
百鸟林中在欢唱，
雄鹰翱翔在太空，
壮家兄弟铁拳舞，
吼声震地撼苍穹！

郎君重托刻在心，

字字句句记得清：
“七七四十九天满，
坛中飞出千万兵！”
达巧双手掀坛盖，
千蜂万蜂飞不停，
白尾蜂、鬼头蜂、地龙蜂纷纷出坛口，
成群结队数不清。

达巧奶奶惊呆了，
满屋客人也受惊，
唯有莫一儿哈哈笑，
笑声阵阵撼山林，
他背上父亲的神弓箭，
骑上飞马要出征！

蜂群围着飞马转，
飞马托着莫一儿，
“呼啦啦”飞出茅棚去，
飞马扬啼响“嘚嘚”！

飞马蜂群飞上天，
飞马村上来盘旋，
妈妈奶奶众亲友，
挥手送行泪涟涟，
一滴热泪千句话：
“歼灭顽敌才凯旋！”

蜂群飞马托主人，

主人挺胸昂着头，
撕片白云擦擦汗，
剑指北方飞悠悠！

飞过云天响“嗡嗡”，
天也动来地也动，
天开路来云让道，
日夜兼程不放松，
飞了九天又九夜，
凌晨飞到京城中。

皇帝昏昏在梦中，
蜂群纷纷入皇宫，
头上脸上蜂爬满，
蜇他鼻青脸发肿。
双眼好比锥子戳，
倒下龙床忙滚动，
蜂群钻入衣裤里，
浑身遭蜇肉紫红，
他口吐白沫无声息，
手脚僵硬死宫中！

东宫龙床上，
皇后做美梦，
鼾声如雷滚，
蜂群入宫中。
爬满她玉脸，
蜇她钻心痛：

好比利刀绞心肺，
好似利箭穿心胸，
好像吃了断肠草，
喊爹叫娘震皇宫。
倒下龙床滚在地，
天旋地转死宫中！

文武百官都遭蜇，
眼似铃铛腹如鼓，
全身上下蜇肿了，
欲呼救命呼不出，
倒在地上乱翻滚，
抱头缩脑泪双流。
哭了九天又九夜，
哭断肝肠把命丢！

百步蛇算最毒，
“美人蛇”比它毒万倍；
她害死莫一大王后，
报功领赏当皇妃。

她欲入皇宫寻欢乐，
却让蜂群来围上，
蜂群蜇她双眼，
蜂群蜇她面庞。
像万箭齐射，
像万刀齐砍，
蜇得她痛不欲生，

蜇得她喊爹叫娘，
蜇得她翻滚在地，
蜇得她碎心断肠，
蜇得她鼻青脸肿，
蜇得她双眼全盲！

莫一儿稳坐飞马上，
飞马“嘚嘚”猛来追，
飞马扬尾把她绞，
沿着宫墙拖九回，
飞马扬尾使劲扔，
把她扔到乱石堆，
一头撞上石狮子，
脑浆乌血满宫飞！

蜂群长双眼，
蜂群懂人性：
只蜇贵族奸臣，
只蜇达官贵人，
不蜇丫鬟百姓，
不蜇佣人兵丁。

蜂群真神奇，
一蜂变百蜂，
一窝变千窝，
千窝万窝满皇宫。
日日夜夜都蜇人，
夜夜日日闹哄哄，

文武百官肝胆臭，
皇帝皇后腐烂在宫中！

千蜂万蜂，
变成千军万马，
个个耀武扬威，
守关把卡将敌杀。

莫一儿领着千军万马，
横扫残兵败将，
豺狼虎豹全打尽，
千年皇朝捣底翻！

莫一儿率领千军万马，
将一座座牢房捣毁：
水牢、蛇牢、虎牢全撞开，
所有牢门、铁锁、铁链全砸碎！

挣脱锁链的囚徒，
将莫一儿高高抬起，
在皇宫中绕了九圈，
前呼后拥寸步不离！

众人簇拥莫一儿，
给他戴皇冠，
给他穿龙袍挂御剑，
端端正正坐在皇位上：
“吾皇万岁！万岁！万万岁！”

万众呼声震殿堂。

莫一儿坐上皇帝宝座，
好似坐在针毡上，
千支利刺刺心肺，
万根铁针穿心房——
不吃尽苦黄连，
怎知蜜糖甜？
不经寒夜冷刺骨，
怎知春日暖心房？
不被黑夜蒙双眼，
怎知太阳亮堂堂？
不是石板下的嫩竹笋，
怎知翠竹心胸的坦荡？
父辈祖辈抛头颅洒热血哟，
给我们儿辈孙辈见阳光！

这吃人肉喝人血吸人骨髓的皇帝，
岂能由我来继承？
难道还能让受苦大众，
再回到十八层地狱死不复生？

莫一儿摘下威风凛凛的皇冠，
脱下金光闪闪的龙袍，
狠狠地甩在地上踏在脚下，
拍拍胸脯笑声高：
“吃人的皇帝死去了，
就让他永世在地狱里煎熬！

兄弟姐妹回到山寨去，
共建我们的光明自由幸福的天堂!”

莫一儿身穿蓝布衣带领众兄弟，
把父辈留下的飞马骑上，
披着五彩缤纷的朝霞，
穿云破雾飞向壮家巍峨的群山!

2012 年 8 月 1 日—2012 年 9 月 2 日
深夜脱稿于邕城
2012 年 9 月 3 日—2012 年 11 月 15 日
第一次修改稿于邕城高峰
2012 年 11 月 20 日—2012 年底
第二次修改稿于邕城高峰
2013 年春夏
第三次修改稿于邕城高峰造诗楼

致文俊同志

文俊同志：

感谢你的信任和好意，让我先读你这部作品。

以前未算年老的时候，读过你根据我们壮族民间传说故事再创作的叙事诗。曾受感动，也很欣忭，对我亦是一种鼓励。因为自己小时候也受到民间文学的哺育，之后也从事过与民间文学有密切关系的工作。我喜爱民间文学，它对我有着一种难以舍弃的魅力。从年轻以至不算年轻的年月，我也喜欢以我们壮族的民间传说故事为题材写一些叙事诗。对这样的写作，有的朋友虽不以为然，但并未影响我的兴致。我觉得，写作的人各有各的志趣，写出来的作品不同的读者当然亦会有各自不同的感受和看法，这是很自然的。纵然如此，当年读到你这类作品时，我觉得你也有着某些和我类似或相通的心思和兴趣，因而感到欣慰，这对我是一种鼓励。

如今我们都已老去，我很少写了，你仍孜孜不倦，用心在这方面写作。你的执着，你的努力，使我感受到你对我们壮族传统的优秀文化深沉之爱，感受到你对自己民族的自尊自重之情，感受到你的民族自豪感。我一直认为，一个人对自己故乡、自己民族的热爱，是极为正当的、自然的人之常情，甚至是一种不可亵渎、不容伤害的感情。纵使自己的故乡和民族还存在某些不足，纯朴诚实的人心灵深处也不可能泯灭这种情感。

以往的岁月，我曾在农村工作生活过不算短暂的时日，碰到过一些情况至今未忘。有的农村青年离乡外出，在城市生活了几年后，回到家乡，对家人和乡亲父老不说家乡话了，看不起家乡话了，觉得土了、落后了，认为说家乡话降低了自己的身份。甚至有人走过收获红薯的田边，装模作样用带着乡音的远非纯正的普通话问正在劳作的同村的叔伯婶娘："老乡，这是什么东西呀？能吃吗？"引得叔伯婶娘瞠目结舌，他却在乡亲的惊讶中飘飘然自觉不凡，忘了自己也曾吃过红薯而"鹤立鸡群"了。这不但传为笑料，也引起人们的厌恶。当年上大学的人很少，对有的农村进城上大学的学生，有过一句相当流传的话："一年土，两年洋，三年不认爹和娘。"我说这些，是因为我感到在某些时候在我们身边的某种状况——对我们壮族（也许还有其他兄弟民族）传统文化的眼光和神态，有相似相通之处。我想，以说家乡话为耻和故作不认得自己从小就吃过红薯的心态，不应是我们对自己民族传统文化的心态。我还一直固执地认为：用筷子吃饭并不比用刀叉进餐落后，说声"拜拜"也不比说声"再见"先进；过"圣诞节"不一定比过"春节""三月三"文明，合手躬身揖拜也不见得比胸前画十字愚昧；电视上见到西洋有的狂欢节人们几乎是裸体在大街游行，这也不见得比我们的"歌圩""坡会"更文明高雅。当然，我们不能故步自封因循守旧，不求进步不思发展。实际上，我们从不拒绝人类的先进文明，未来也将会有更美好的发展。物质文明与精神文明也是有别的，我们接受了电灯可以抛弃松明、油灯，但接受小提琴也不必丢掉二胡，吹了洋号也不必鄙薄唢呐。我们壮族，由于种种历史和现实的因素，与先进者存在着差距，有着必须努力奋斗的方方面面。但无论如何，对我们民族优秀的传统文化是不应藐视鄙弃的，而应该珍惜，必须继承，这是我们民族的血脉和精神。当今所谓全球化的时代，学者们也有这样的共识：文化演进是双向的，一方面是文化的趋同，另一方面是文化的回归，回归就是强调和保护文化的多样性。作家应该自觉思考探索和表现民族历史、文化和当代现实，作为一个壮族文学写作者，重视自己民族的优秀传统文化，并不愚鲁。我们从丰富多彩的民间文学中吸取营养，也不可笑。以民间传说故事进行再创作，我想谁也不会仅是以戏剧或诗歌等某种形式原原本本复述一个古老的传说故事，其中总有着作者的思考和向往，追求和审美。有的人把这类根据民间传说故事再创作的作品，和整理的原在百姓口头流传的民间文学作品混同了。说这类再创作的作品充满了原始气息，古老而陈旧，缺乏现代气息。这样的感受和看法，恐怕也只是读者各自的感受吧，而不能说是此类再创作必然的效果，更非规律。阳光、空气、土地和水，也许人类诞生以前就存在了吧，够古老够原始了。有人呼唤“告别”刘三姐，人们如今不是仍然喜欢刘三姐吗？许多地方不是年年还有唱山歌的“歌节”吗？有些地方还把刘三姐认作乡亲，争说他们那里就是刘三姐的故乡呢。这些年来，广西舞台上演出的舞剧和歌剧及其他受到观众欢迎的作品，也不乏与民间文学有着深厚渊源的创作。当然，以民间故事传说为题材再创作，不应也不会更不可能是唯一的，只是百花中的一种。百花中它也是可以开放争妍的，是不必鄙夷的，当然，作为个人可以喜欢也可以不喜欢它。

这部作品的篇幅和内容都颇为浩繁，不像你以前发表过的叙事诗，一首诗只根据一个传说或故事。据我所知，壮族民间口头流传的有关莫一大王的故事很多，有种种不同的传说，内容丰富而繁杂。你把这些口头作品和历史现实糅合在一起、结合为一体，写成这部七千多行的叙事诗。你的执着毅力、专心用功，令我钦佩。可以想象你的耕耘劳作是如何的刻苦和艰辛。你要我提些意见，说还准备再作修改。我考虑再三，深感自己实在难以提出什么具体的修改意见。每个写作的人都有自己的路数，都会经过认真的思考才这样写而不是那样写。读者也有各自不同的感觉，由于各自的因素，所提的意见未必恰当，对作者的修改不一定有所裨益。记得以前我写的一篇叙事诗有这样的一个情节：女歌手在山野与一个被敌人追捕的游击队员相遇，便打开阳伞与游击队员坐在山坡唱起情歌，佯装一双谈情说爱的情人而躲过追捕。一位不知道壮族有“歌圩”和以歌传情风习的外省朋友对我说，他可以相信雄性的公鸡变成一个姑娘，但难以相信同一伞下唱唱情歌就能躲过敌兵的追捕。而一位壮族的文学教授却颇欣赏，说表现了人物的机智，也恰当地反映了我们壮族的特色和风俗。读者的看法，往往见智见仁。如果一定要提些意见，就说点恐怕难以切实的浮泛之感吧。我觉得篇幅确乎长得令人肃然，钦佩你的劳作。在这繁长的叙事中，也感到个别的情节或某些场景的描述抒写是否可以考虑再精炼些？当然精炼不是干瘪单薄，犹如人体干瘪显得虚弱，但肥胖也失丰满之美。我自己在写作中也常陷入这样的窘境，想求作品内容丰厚一些却又导致繁杂。有少数的词和句你完全可以弄得更恰当更完美一些，也不必因押韵而有损语意。

读这部作品，也想到你以前的作品，我觉得你很注重乡土生活的记忆。现实生活中有人力求逃离自己的乡土——我不是指离乡到城市谋生的“农民工”，甚至有些真真正正的广西人到了繁华先进的外省城市，由于家乡的落后而不愿也羞于承认自己是广西人。但文学写作，对生育自己的乡土恐怕是不需逃离的。有的作家说，自己的故乡土地，涉及一个人的文学创作的根基。写作缺少对故土的深爱和认识，就可能缺少一种精神的家园，难以深深地扎根。文学写作有精神扎根的故园，作家的向往追求就可以在这里辛勤耕耘播种。这样的说法也许不是绝对的普遍的准确，但我觉得是很有道理的，不少文学作品总有着作家童年时对故乡的记忆——经历和体验。现在有的报刊文章呼唤壮族作家“对自己民族和地域书写的自觉”，也应是希望写作者不必力求逃离乡土吧。以往曾见有人为了点缀自己的作品，猎取某些少数民族（当然包括壮族）有特色的事象作为装饰，却缺乏一种平等尊重或自尊自重的心态。你不会这样，你对我们民族、对自己的故土怀着自尊自重的爱。你说你之所以写这个作品，是因为从小在家乡就深受这些传说故事所感动和激励，毕生未忘，同时，也深感传说中的英雄人物不畏危难挺身而出的气概、为大众驱除邪恶造福人间而勇于自我牺牲的品格，在今天仍是我们所敬仰所需要的。是的，经历漫漫岁月，这些古老传说并未随着历史的沧桑而消失，恐怕是蕴藏着传达着一种宝贵的精神。这种精神可能永不会过时，永远为人民所需而受尊崇。正如阳光、空气和爱，是人们生存生活不可缺少的。我们的写作，根据民间传说故事再创作，当然也应是为了振奋人心和有益于世道。也许我们能力有限，写出的作品与我们的愿望还有很远的距离，但我们毕竟是这样用心的，也这样努力了。你说是吗？这也是可以共勉的吧。啰唆得太多了，难免会有些让人见笑的话，好在只是我俩之间的交流，想也无妨。就此顺颂安康。

韦其麟

癸巳新春

后 记

广西素有“歌海”之称。老家来宾大许村，是个壮族聚居的山村，壮族先民们，祖祖辈辈在这深山里劳作繁衍，不仅创造了物质财富，也创造了精神财富。这里蕴藏着极为丰富的民间文学资源。我们的父老乡亲、兄弟姐妹，大都能歌善舞。那里算是广西“歌海”的一个“海湾”。悦耳动听的壮歌声，日夜飘荡在广阔的田野上，萦绕在云遮雾障的山头。我懂事时，就开始与叔伯兄弟姐妹学唱民歌和壮族特有的勒脚歌。

七岁入学，十岁就给以行道为生的堂伯父抄写道公唱本，当时年幼无知，不知道唱本是什么玩意儿，只好照样画葫芦，把字写得歪歪扭扭的，好似蚯蚓爬地一般。童年时代，常随伯父到道场去看看热闹，有时帮打蜂鼓，有时学喃唱本。唱本里有无数生动的引人入胜的故事传说和叙事长歌。如家喻户晓的创史歌《布伯》、民族英雄史诗《莫一大王》和爱情长歌《何文秀》《刘文龙》《李旦与凤姣》《梅良玉》等等。年长月久，我就能背诵一些叙事长歌，并能讲述一些故事传说。这些富有强大生命力的民间文学，好似一块极大的磁铁，有力地吸引我走上文学之路，并在毕生中结下了不解之缘。

我们壮族是个古老的民族，从前没有自己的文字。据说在数百年前，由那些稍懂汉文方块字的壮族先民们，摸索创造了古壮字（方块土俗字），他们用壮语和汉字的形、音、义来模仿创造古壮字。如“了”字像驼背老人的形象，在“了”字前面加了个点——“𠄧”，古壮字叫“手抱”，即抱小孩的意思；在“了”字后面加一个点——“𠄎”，古壮字叫“𥜮”，即背小孩的意思。又如“那”字下面加个“土”字——“𡎝”，古壮字叫“𡎝”，即指田，是壮语的谐音。又如“羊”字的左边加个反犬旁——“𤟵”，古壮字叫“𤟵”，即指羊，是汉字“羊”的汉意转写。

这些易读、易学、易懂、易记的古壮字，多少年来，为我们壮族同胞记载、保存、流传了许许多多脍炙人口的、广为流传的古歌、神话和故事传说。为壮族文学的继承与发展，做出了不可磨灭的贡献。在我们壮族同胞中，有不少人对汉字目不识丁，但对古壮字却堪称为老师和专家。我有个堂叔父，仅读过三年私塾，汉字学得不多，古壮字全都能读能写。他又是个远近闻名的歌手，每逢三月三歌圩，年年到场，村里嫁女娶媳妇摆歌堂时，大都以他为师，通宵达旦对歌欢唱。他用古壮字记录下来的歌本有二三十本。他的歌本都是用纱纸抄的，并且用鸡蛋清和桐油涂过封面封底，十分美观耐用。不管是走亲访友，还是串村赶集，三叔都是手不离歌本，口不离歌声。有一次他装满一牛车山货，要拉到柳州市区销售，叫我相伴而行，为了向他学习唱壮歌，我便欣然地背着糯米饭随车而去了。一路上，他给我讲述了许多引人入胜的、惊心动魄的有关莫一大王的神话传说。回来时，他将歌本垫高做枕头，躺在牛车上，倒背如流地反复吟唱《莫一大王》的歌，我一路侧耳倾听，几乎耳油都流出来，七八十里山路，不知不觉中便走完了。

长大后，参加革命工作，从家乡来宾红水河畔，先后调到龙城、邕城工作，接触面更广了，对广西各少数民族，尤其是壮、苗、瑶、侗族有更为广泛而深刻的了解。常背行装到壮家、侗寨、苗岭、瑶山去探亲访友，在火塘边、山泉旁、晒谷坪和歌堂里，倾听歌手和艺人们讲述故事，吟唱民歌，往往因听得入迷而废寝忘食。如长达两千多行的叙事长诗《绿梅歌》就是在一家苗寨猎户的火塘旁，长谈一夜，积累素材，然后创作而成的。又如一千多行的叙事长诗《金凤凰》，是我多次深入瑶山，和瑶胞们上山装雪鸟、拔香草、唱瑶歌、跳瑶舞，加深民族感情，然后水到渠成的。此外，当慈母在世时，“每逢佳节倍思亲”，逢年过节都要回老家走走，跟壮家的父老乡亲、兄弟姐妹唱唱壮歌，聊聊家常，甚至将我已出版的作品一一送到他们的手中，还把刚脱稿的长诗念给他们听听，请求他们提出修改意见。父老乡亲对这些出自壮家又回到壮家的文艺作品，视为自家的宝贝，有的还用红绸布包装珍藏。同时，将他们毕生喜爱的老歌本送给我。多年来，我从老乡们的手中得到的唱本，数不胜数，整整装满了六个藤篚子。尽管数十年来，从农村到城市，从乡镇到自治区首府，频频调动搬家，但这六个藤篚子的歌书，却未丢失一本，始终被我视为至珍家宝而加以保存。这些世代流传的歌本，内容确实很丰富，情节较为生动，寓意较为深刻，深受广大群众的喜爱，人们不仅把它当作艺术珍品来品味，而且往往把它当作教材，教育后一代，代代相传，深入人心。如壮族古代英雄莫一大王，不但有许多口头上的传说和用古壮字记载下来的片段故事、散文和韵文，而且用古壮字记载流传的就有十多种不同的唱本，有五字十二句的勒脚歌，有七言体的民歌，还有可以演唱的师公戏唱本。可是，这些口头上的故事传说和用文字记载下来的散文、韵文，都不连贯、不完整，大都是零碎的片断。尽管如此，唱本已体现了壮族古代英雄莫一大王在战天斗地、改造自然、反对王朝、除暴斩奸、击败外来侵略者斗争中的机智勇敢、顽强不屈的伟大精神，以及不畏艰险、不怕危难、大公无私、造福人间的英雄气概。这就充分体现了壮族同胞的民族血脉、民族精神和民族性格。这些古老的传说，这些闪光的精神，并未随着历史的沧桑而消失，它在广大壮族同胞的心灵中，倍加受到尊崇，世代流传，永不磨灭。我是壮族的一个成员，从小在家乡就深为莫一大王的故事传说所感动，毕生未忘。半个世纪以来，他崇高的民族精神和光辉的形象，不断地在我脑海里盘旋，创作欲望不断地触动着我的心灵，总想用各种不同的艺术形式表达出来——早在 1972 年供职于柳州地区创作组时，就已写出一万二千多字的叙事长诗《莫一大王》的创作提纲；1984 年 3 月，以雯懿为笔名，在广西民族出版社出版《骑飞马的人》《莫一大王传奇》连环画 1－4 集，第一次印刷发行量高达五十二万五千册；1984 年 8 月与人合作（因本人未懂拼音壮文）在广西民族出版社出版壮文版长篇叙事诗《莫一大王》，第一次印刷发行一万册；1989 年 5 月在国家级的民族出版社出版长篇小说《人熊儿传奇》《莫一大王传奇》，第一次印刷发行三万册，小说被《海口晚报》《柳州日报》等选载。虽然三次出版了有关莫一大王的书画单行本，发行量也不算少，可是，我总觉得对莫一大王的机智勇敢、临危不惧、无私奉献、不屈不挠的精神，也是对我们壮族的民族精神和民族性格表达得还不够充分。因此，五十年如一日，我一直在思考、孕育着莫一大王这个题材，总想再出版一本篇幅较大的、内涵较丰富的有关莫一大王的长篇叙事诗，但因年迈体弱、思维迟钝、墨斗干涸，总不能如愿以偿，深感不安与内疚。我想，如果将莫一大王的光辉形象塑造出来，也就是把我们壮族的民族精神、民族性格都表达出来，算是对壮族同胞做出了一点贡献。如果全国五十六个民族的民族精神、民族性格都表达出来，那么，我们中华民族伟大的民族精神和民族性格就更为光彩照人，对整个人类的精神文明会做出更大的贡献。为此，我虽已年逾古稀，依然跃跃欲试，从去年金秋以来，我一直埋头伏案，直至今年阳春三月，终于将长篇叙事诗《莫一大王之歌》初稿拿出来了。然后，拜访著名诗人、广西文联原主席韦其麟同志，请其指点迷津。他给予热情地接待，并认真而细致地批阅了诗稿，还提出了修改意见。我根据这些意见，认真思考后，重新写了“序歌”，对诗稿的部分情节，作了调整、筛选和精简，对诗句和字词逐一推敲，作出了较大的修改。如今重新细读，自我感觉有些欣慰。对知心文友其麟同志的诚心帮助与支持，深为感激！

在诗稿的写作与修改过程中，得到广西《三月三》杂志社原副总编辑、作家、诗人韦编联和柳州地区民族师范学校（今来宾实验高中）高级讲师、特级教师、作家、文艺评论家黄汝迪，以及高级讲师、诗人韦兰忠等同志的支持与帮助，在此一一表示谢意！

诗稿修改定稿后，送到广西民族出版社审阅，得到社长朱俊杰、总编辑方铁和副总编辑韦启福等同志的大力支持，十分感激！

壮族古代英雄莫一大王的光辉形象，崇高的民族精神和民族性格，曾深深地打动了我，使我的心灵受到震撼，多么希望将这些东西完整地表达出来，奉献给广大读者，但由于我水平有限，笔尖愚钝，这部作品的不足之处在所难免，万望专家和读者予以指正！

韦文俊

2013 年仲夏